오늘 만나는

프랑스 혁명

오늘 만나는 프랑스 혁명

초판 발행일 | 2013년 6월 21일
2쇄 발행일 | 2014년 11월 22일

지은이 | 주명철
출판감독 | 박수희

펴낸 곳 | 소나무
펴낸 이 | 유재현
편집 | 강주한
홍보 | 장만
꼴 | 박정미
인쇄·제본 | 영신사
종이 | 한서지업사

등록 | 1987년 12월 12일 제2013-000063호
주소 | 412-190 경기도 고양시 덕양구 현천동 121-6
전화 | 02-375-5784
팩스 | 02-375-5789
전자우편 | sonamoopub@empas.com
전자집 | http://cafe.naver.com/sonamoopub

책값 14,000원
ⓒ 주명철
ISBN 978-89-7139-088-7 03920

소나무 머리 맞대어 책을 만들고 가슴 맞대고 고향을 일굽니다.

이 도서의 국립중앙도서관 출판시도서목록(CIP)은 서지정보유통지원시스템 홈페이지
(http://seoji.nl.go.kr)와 국가자료공동목록시스템(http://www.nl.go.kr/kolisnet)에서 이
용하실 수 있습니다.(CIP제어번호: CIP 2013008926)

오늘 만나는
프랑스 혁명

주명철 지음

소나무

과거에 귀를 기울이며

　우리는 과거를 되돌아봅니다. 그것이 반성이라면, 과거를 반성하는 사람은 같은 잘못을 저지르지 않으려고 노력할 것입니다. 역사를 공부하는 일은 재미있는 일이기도 하지만, 미래를 대비하는 일이기도 합니다. 다시 말해서, 미래에 저지를 잘못을 과거를 통해 미리 깨닫고 고치는 일입니다.

　'우리나라 역사에서도 공부할 내용이 산더미처럼 쌓였는데, 왜 200년도 훨씬 더 지난, 더욱이 멀리 있는 프랑스에서 일어난, 그것도 아주 피비린내 나는 혁명에 대해 공부하지?'

　이렇게 생각하는 분도 분명히 있을 것입니다. 지금부터 그 이유를 함께 생각해 봅시다.

　프랑스 혁명은 당시 프랑스뿐만 아니라 유럽 전체에 영향을 끼쳤습니다. 특히 민주주의가 발전하는 과정에서 중요한 역할을 합니다. 혁명은 누가 계획해서 일어난 사건이 아니라, 정치·경제·문화의 여러 면에서 변화와 정체가 맞물리며 발생한 사건입니다. 그 흐름을 결정한 것은 물론 당시 사람들의 생각과 활동이고요. 그렇지만 어떤 사람도 자기 마음대로 혁명의 흐름을 이끌어 가진 못했어요. 설령 어떤 개인과 집단이 한때나마 흐름을 주도했어도 다른 개인과 집단들의 합의가 필요했습니다.

프랑스 혁명은 정치적인 사건이었지만 모든 분야에 영향을 끼쳐 왔습니다. 오늘날 우리나라에서 쓰는 미터법도 프랑스 혁명의 산물입니다. 그리고 남성과 여성의 정치적 권리, 정치와 종교의 관계, 표현의 자유, 국제적인 간섭 등등 헤아릴 수 없는 문제들이 프랑스 혁명과 연결되어 있습니다. 그래서 프랑스 혁명은 그 자체로 흥미로운 사건이지만, 우리에게 사회에 대한 이해와 더 나아가 인간성에 대한 성찰의 기회까지 제공합니다.

프랑스 혁명을 만나면, 민주주의를 발전시키는 일이 얼마나 어려운지 그렇기 때문에 얼마나 소중한지 깨닫게 됩니다. 우리나라는 민주주의가 발달한 나라이긴 해도 아직 사회적 갈등이 많습니다. 프랑스 혁명사가 우리의 갈등과 모순을 해결할 직접적인 실마리를 제공하진 못하더라도, 프랑스 혁명사를 통해 우리나라의 역사와 민주주의에 대해 돌아보는 것만으로도 많은 의미가 있지 않을까요? 지금부터 그 이야기를 들려드리겠습니다.

차 례

내가 만난 프랑스, 내가 만난 역사

1부
시위에서 혁명으로

제3신분이란 무엇인가? 전부다.

그런데 그들은 지금까지 무엇이었나? 아무것도 아니었다.

18세기 파리를 걷다

에펠탑은 프랑스를 대표하는 상징입니다. 그것은 1889년 세계박람회에 맞춰 세운 탑입니다. 마침 그 해는 프랑스 혁명 100주년의 해였기 때문에 더욱 의미가 큽니다.

'프랑스 혁명'이란 단어를 한 번쯤은 들어 보셨을 겁니다. 하지만 프랑스 혁명이 왜 이렇게 유명하고 중요할까요? 지금부터 아주 복잡한 혁명의 과정을 비교적 단순하게 간추려 소개하려고 합니다. 이 책을 읽은 분들은, 프랑스 혁명의 전반적인 흐름을 이해할 수 있고, 혁명에 대한 더 자세한 책도 어려움 없이 읽으실 걸로 믿습니다.

지금부터 상상 속 여행을 떠나 보겠습니다. 인천공항에서 비행기를 타고 중국, 몽골, 러시아, 스웨덴 하늘을 거쳐 12시간 서쪽으로 날아가면, 프랑스 파리에서 가장 가까운 샤를 드골 공항에 도착합니다. 거기서 기차를 타면 한 시간 안에 파리 북역에 도착하고, 다시 지하철로 갈아타면 에펠탑이 눈앞에 나타납니다. 3년 동안 쇳덩어리를 조립해서 세운 이 탑은 300미터가 넘습니다.

'그런데, 이 탑을 세우기 100년 전의 모습은 어땠을까?'

우리가 태어나기 전의 모습도 상상하기 어려운데, 하물며 지금부터 200여 년 전 파리 모습을 상상할 수 없다고 생각하실 수도 있습니다. 그러나 역사를 공부하고 나면 머릿속에 어떤 그림이 떠오릅니다. 당시 사람들이 어떻게 살았는지, 거리에는 어떤 소리와 냄새가 나는지 상상하고 느낄 수 있답니다.

이제, 약 200년 전 프랑스 파리로 떠나 봅시다. 역사 여행, 시간 여행은 굳이 비행기를 타지 않아도 가능하니까요.

프랑스는 어떤 왕국이었을까?

우리는 선거를 통해 대통령을 뽑습니다. 그러면 대통령은 함께 일할 장관을 임명하고 임기 동안 나라를 대표하면서 열심히 일해야 합니다.

하지만 열심히 자기 잇속만 챙기려 드는 대통령도 있습니다. 그런 사람이 법까지 마음대로 만든다면 어떨까요? 그래서 민주주의 제도에서는 권력을 나누어 법은 국민이 뽑은 국회의원들이 만들도록 하고 있습니다.

하나만 더 얘기하면, 우리나라에서 재판은 사법부가 맡고 있습니다. 대법원이 가장 높고, 고등법원과 지방법원이 지역마다 있어 전국에서 법을 올바로 시행하도록 감독하고, 만일 위반하는 경우는 처벌합니다. 오늘날 대부분 민주국가의 정치는 이처럼 행정·입법·사법의 삼부가 각각 독립해서 독재 체제로 가는 길을 막습니다.

오늘날 우리의 이러한 정치생활을 생각해 보면, 혁명이 일어나기 전 옛 프랑스의 정치생활이 지금과 얼마나 다른지 금세 이해할 수 있습니다.

옛 프랑스는 왕이 다스리는 나라였습니다. 프랑스에서도 왕을 뽑을 때가 있었는데, 루이 16세Louis Ⅹ Ⅵ, 1754~1793의 조상인 위그 카페Hugues Capet, 938?~996는 987년에 왕으로 뽑혔습니다. 그런데 위그 카페는 왕위를 아들에게 넘겨주었죠. 그 다음부터 왕위는 그 아들에서 아들로 세습되었습니다. 위그 카페의 아들부터 루이 16세까지 800년 동안 왕은 뽑히는 것이 아니라 태어나는 존재가 됩니다. 또 영국에는 여왕이 있었지만 프랑스에는 여왕이 없었습니다.

참고로 한마디만 덧붙이죠. 카페 왕조는 987년부터 루이 16세까지 연결되는데, 위그 카페의 직계 자손이 차례로 왕에 오르다가 14세기에 대가 끊깁니다. 그 뒤 왕위계승권은 카페의 후손 가운데 작은집인 발루아Valois 가문, 발루아 오를레앙Orléans 가문, 발루아 앙굴렘Angoulême 가문, 부르봉Bourbon 가문으로 차례로 넘어갑니다. 그래서 부르봉 왕조의 루이 16세가 아니라, 카페 왕조의 부르봉 왕가 루이 16세입니다.

왕은 전쟁과 평화를 결정하고 법을 만들었습니다. 그래서 당시 왕을 절대군주라 부릅니다. 옛 프랑스의 국교는 가톨릭이었기 때문에 절대군주란 어느 누구에게도 책임지지 않고 오직

하느님의 뜻만 따르는 존재를 말합니다. 왕은 오늘날의 장관에 해당하는 대신을 임명했고 그 대신들은 왕을 도와 법을 시행했습니다.

그런데, 항상 이론과 실제는 조금씩 다릅니다. 절대군주는 모든 것을 마음대로 했을 것으로 생각하는 사람도 있겠지만, 사실은 왕 노릇이 싫어도 마음대로 그만두지 못했고, 신하와 백성의 재산도 함부로 빼앗지 못했습니다. 관습을 존중해야 했답니다.

왕의 지배 아래 멈춰 있는 것처럼 보이던 프랑스도 혁명이 일어나기 전까지 조금씩 변화를 겪었습니다. 사회가 변하고 인간관계가 변했던 것이죠. 그 변화가 제아무리 미약해 보여도, 세월이 흘러 쌓이면 더 큰 변화를 가져오기도 합니다. 이때 변화를 바라는 마음은 대체로 이익과 연결되죠. 이타적인 사람의 이익은 남을 돕는 데서 나오지만, 이기적인 사람은 대개 자기 이익만 추구하기 때문에 남을 짓밟는 경우가 많습니다. 이기적인 사람들이 관습과 규칙을 지키지 않으면서 이익을 추구하고, 심지어 자신의 이익을 더 키워 줄 법을 만들어 내기도 합니다. 그렇게 세상은 더욱 복잡해지고, 불만은 계속 쌓여 갑니다.

프랑스 왕국에서 일어난 변화를 알아볼까요? 당시 왕은 신하와 백성의 어버이 같은 존재였습니다. 사람들은 아무리 힘들게 살다가도, 왕이 행차하면 잠시나마 모든 시름을 잊고 기뻐했죠. 그런데 왕이 정치를 잘못하거나 개인적으로 비난받는 일을 하면, 사람들은 겉으로는 복종해도 속으로는 코웃음 치기 마련입니다. 또 그런 일이 거듭 일어나면 사람들은 드러내 놓고 왕의 행실을 비웃습니다. 특히 백성들이 고통스럽게 살았던 시기에 그렇습니다. 왕이 백성의 바람을 실현해 주지 못했기 때문에 실망한 사람들은 불만을 품을 수밖에 없었죠. 몇 세대에 걸쳐 쌓인 불만을 해결해 주어야 할 사람들이 오히려 자기 이익만 추구하는 모습에 대다수 사람들은 폭발할 지경에 이릅니다.

하지만 프랑스 왕국은 분명히 번영하는 나라였어요. 18세기 초 2,000만 명이던 인구가 1789년까지 800만 명이나 늘었으니까요. 18세기 초 프랑스의 도시민은 300만 명이었는데, 1789년에는 560만 명이 되었습니다. 농업국가인 프랑스에서 도시민이 거의 두 배나 늘었다는 사실은, 농사를 짓지 않고도 먹고살 수 있는 사람이 많아졌다는 뜻입니다. 물론 그 인구의 상당수는 가난한 사람들이었지만 나라 전체는 부유해진 것이죠. 문제는 소수만이 재산을 더욱 늘렸다는 겁니다. 오늘날에도 부자와 가난한 사람의 차이는 분배나눔의 문제이듯이 옛날에는 이 문제가 더욱 컸습니다. 다수의 가난한 사람들 주머니에서 푼돈을 빼앗아 소수 부자의 주머니로 넘겨주는 제도 때문입니다.

속사정을 조금 더 자세히 살펴보겠습니다. 옛 프랑스 사람들은 모두 배불리 먹지 못했어요. 곡식을 생산하는 농민도 굶주림에 허덕였고 도시에도 일거리가 없는 사람이 많았죠. 그래서 우리가 상상하기 어려운 일이 벌어졌답니다. 오늘날에도 쓰레기통에 버려진 음식을 뒤져 먹는 사람은 있겠지만, 옛 프랑스에서는 부잣집 쓰레기통에서 나온 음식을 모아서 파는 사람까지 있었습니다. 어둑해질 때, 그 음식을 얼른 사들고 가서 먹는 사람이 있었기 때문입니다. 굶어 죽는 것보다는 나쁜 음식이라도 먹어야 살 수 있으니까요.

내친 김에 하나만 더 얘기하겠습니다. 파리 같은 대도시에도 가난한 사람이 많았는데, 옷이 한 벌뿐인 사람은 여름날 새벽에 강가에 나가 옷을 빨아 널어놓고 오들오들 떨다가 적당히 마르면 걸치고 하루 생활을 시작했습니다. 남성의 경우는 변소의 오물을 치우는 사람, 센seine 강에서 장작 패는 사람, 아파트 꼭대기 층까지 물지게를 지고 오르내리는 사람, 여성의 경우는 세탁부, 양말 깁는 사람 등 이루 말할 수 없이 다양한 일을 하는 사람들이 하나같이 가난했습니다. 물론 소매치기와 좀도둑도 많았답니다. 잡히면 심한 벌을 받았지만 그렇게 사는 사람들을 완전히 없앨 수는 없었죠.

　이러한 분위기 속에서, 현실에 만족하지 못하는 지식인들은 왕과 대신이 정치를 잘못한다고 비판합니다. 그들은 변화가 일어나기를 바라면서 사회를 변화시키려고 노력했습니다. 18세기에는 그러한 지식인을 계몽사상가라 불렀는데, 그들은 사람들에게 이성과 양심을 좇아 살라고 가르쳤어요. 귀족과 평민은 사회적 신분의 차이만 보여 줄 뿐, 옳고 그른 것을 판단하는 능력에서는 모든 사람이 차이가 없다는 것이 그들이 내세우는 주된 이야기였습니다. 계몽사상가들은 '감히 용기를 내서 알려고 하라'고 말합니다. 볼테르Voltaire, 1694~1778, 루소 Rousseau, 1712~1778, 디드로Diderot, 1713~1784 같은 많은 계몽사상가들이 철학·소설·시·연극·과학의 모든 분야에서 부지런히 글을 쓰면서 전통사회의 관습에서 잘못된 점을 고쳐야 한다고 주장했죠. 여러 사람이 그들의 글을 읽었어요. 그러나 왕과 대신들은 그들이 사회 질서를 뒤흔든다고 생각하면서 계몽사상가들의 입을 막으려고 했답니다.

　그런데 만약 절대군주인 왕이 정치를 잘했다면 프랑스 혁명은 일어나지 않았을까요? 물론 그럴 수도 있었을 테지요. 그러나 우리는 이미 일어난 일에 대해서는 '어떻게 하면 일어나지 않았을까' 같은 복잡한 문제를 생각하기보다, 왜 그런 일이 일어났는지 공부하는 편이 더 유익합니다. 현실적으로 과거를 없던 일로 만들거나 어떤 일이 일어나기 전으로 되돌아 갈 수는 없지만, 앞으로 똑같은 일이 되풀이되지 않도록 노력할 수는 있을 테니까요.

앞으로 더 자세히 보겠지만, 당시 프랑스의 국가재정은 수입보다 지출이 더 많아지는데, 적자를 메우는 방법을 찾지 못했기 때문에 프랑스 혁명이 일어났습니다. 왕은 어떻게든 세금을 더 걷어야 했지만 그러기 위해서는 귀족에게 걷어야 했던 것이죠. 당연히 귀족들은 반발했고 이 문제를 국민의 대표들이 모여 해결하게 해달라고 요구합니다. 그리고 왕이 그 요구를 들어주면서 그때부터 아무도 예상하지 못한 방향으로 일이 벌어졌고, 또 아무도 예상하지 못한 방향으로 발전합니다. 그것이 프랑스 혁명입니다.

우리는 모든 역사에서 이처럼 예상치 못한 일이 일어난다는 사실을 확인할 수 있습니다. 지금은 옛날보다 합리적 제도가 발달했고 또 조상들의 경험과 우리의 경험을 이용해서 미래의 잘못을 예방하는 방법을 찾으려고 노력하지만, 그래도 늘 예상치 못한 일이 일어나곤 합니다. 물론 사회 구성원이 깨어 있고 공감과 합의를 중시한다면 나쁜 일보다 좋은 일이 일어날 가능성이 더 높겠지요.

장면 1

루이 16세의 대관식

축성식은 다양한 형식으로 거행되었다. 그것은 시간이 지나고, 왕국이 복잡하게 발전할수록 더욱 형식을 잘 갖추고 정교해졌다. 다시 말해서, 왕국이 발전하고 왕정이 절대군주정으로 발전하면서, 축성식을 이 세상에서 가장 고귀하고 장엄한 예식으로 만들려고 노력했다. 그리고 축성식le Sacre과 대관식le Couronnement은 한 짝이 되었고, 가장 중요하고 장엄한 행사가 되었다.

이때, 대주교는 수많은 고위성직자, 왕족, 대귀족이 보는 앞에서 새 왕의 몸 일곱 군데에 성유를 발라 주어 축성하고, 왕관과 각종 장식품을 주었다. 이것은 국가의 중대한 행사이기 때문에 외국의 사절과 국내의 세 신분 가운데 가장 저명한 신하들도 참석했다. 이 행사를 준비하고 끝까지 치르는 데 막대한 돈이 들었기 때문에 여러 사람이 분담했다. 예를 들어, 예전에는 렝스의 대주교들이 왕의 입성식·체재·잔치 비용을 맡았다. 또 다른 경우에는 시민들에게 골고루 분담시켰다.

중세사가 자크 르 고프Jacques Le Goff, 1924~는 《기억의 장소Les Lieux de Mémoire》에 쓴 〈축성식의 도시, 렝스Reims, ville du sacre〉에서 카페 왕조와 렝스의 관계, 축성식의 과정을 자세히 설명했다. 그는 렝스 대

성당에서 성유를 바르고 신성한 군주가 된 인물 가운데 첫째는 샤
를마뉴의 아들인 '경건한 황제' 루이Louis le Pieux였다고 한다. 루이는
816년 10월 5일 교황 스테파노 4세의 손으로 축성되었다. 그 뒤 힝
크마르Hincmar, 845~882 대주교가 렝스의 대주교가 되었을 때, 그는
렝스의 대주교야말로 옛날 클로비스Clovis, 465?~511에게 세례식을 베
푼 레미St. Remigius, 437~530 주교의 후예로서 프랑스 왕의 축성식을
담당하는 임무를 가졌다고 주장했다. 이렇게 해서 렝스 대성당은
카페 왕조의 왕들이 축성식을 거행하는 장소가 되었다.

1774년 5월 루이 15세가 죽자, 곧 왕이 된 루이 16세는 마침내 1775년 6월 10일과 11일 렝스 대성당에서 축성식과 대관식을 치렀다. 이렇게 한 해나 늦게 의식을 치렀다고 해서, 치르지 않을 때보다 더 장엄한 권위를 갖추게 되는 것인가? 그렇지 않다. 왜냐하면 절대군주정은 상징조작이 아니라 제도적으로 운영되었기 때문이다. 그러므로 왕을 '교회의 장남' 또는 '이 땅 위에서 신을 대신하는 사람'으로 만들어 주는 축성식을 거치지 않아도 루이 16세는 조상이 운영하던 기구를 거느리고 그들의 자문을 받으면서, 또는 중앙정부와 지방정부에서 그를 대신하는 사람들을 통해서 자기 의지를 왕국의 구석까지 전하고 실천하게 만들었다.

신분제는 프랑스를 짓누르고 있었다

우리 조상들은 양반과 상놈을 엄격히 구별했습니다. 양반의 자식이라도 어머니의 신분이 낮으면 제대로 대접을 받지 못했죠. 신분사회란 어느 곳이나 비슷합니다. 프랑스도 그랬습니다. 어떤 사람이 아주 똑똑해서 모든 사람의 인정을 받더라도, 핏줄 때문에 상류층에 들어가지 못하는 경우가 많았던 것이죠. 일본이라는 외부의 힘에 의해 신분제가 없어진 우리와, 스스로의 힘으로 변화를 일으킨 프랑스의 경험은 이후 민주주의를 정착시키는 데도 다른 모습을 보입니다. 지금은 프랑스 혁명에 더 집중해 보겠습니다.

옛 프랑스 사람은 누구나 세 신분 가운데 하나에 속했습니다. 중세부터 '기도하는 사람', '싸우는 사람', '일하는 사람'을 분류했는데, 그것이 신분사회를 나누는 기준이었죠. 프랑스는 국교가 가톨릭이라 추기경·대주교·주교·사제·수도원장·수도사·수녀원장·수녀가 '기도하는 사람'인 제1신분에 속했습니다.

또 프랑스는 프랑크족이 세운 나라인데, 그들은 먼저 살던 사람들을 정복하고 지배자가 되었답니다. 이 프랑크족의 후예들이 '싸우는 사람'인 제2신분이 되었어요. 그러므로 처음부터 제2신분은 주로 싸우는 사람인 무관 출신의 귀족이었습니다.

그런데 나라가 더욱 크고 복잡해지면서 왕은 인재와 돈이 필요했답니다. 그래서 관직을 만들어 팔았고 돈을 번 평민 가운데 관직을 산 사람이 생겼습니다. 특히 법학을 공부한 인재가 관직을 사서 국가의 중책을 맡았어요. 이들이 명예롭게 일하면, 왕은 그 공을 인정해서 귀족으로 만들어 주기도 했답니다. 이들은 싸우는 사람이 아니라 문관이었지만 제2신분에 속하게 되었고, 그래서 제2신분은 무관귀족과 문관귀족을 포함한답니다.

성직자와 귀족을 뺀 나머지가 '일하는 사람'인 제3신분입니다. 농부·어부·도시 노동자·장인·교수·의사·하인·금융가·작가·신문기자 등등 실로 다양한 직업에 속한 사람들이죠. 이들이 전체 인구의 98퍼센트를 차지합니다.

'제1신분과 제2신분을 다 합해도 2퍼센트뿐이면, 제3신분은 얼마나 불만이 컸을까?'

이렇게 생각할 수도 있겠지만 과거 사람들의 마음으로 생각하면, 다른 식으로 물어볼 수도 있습니다.

'실제로 신분제 사회의 불평등을 견딜 수 없다고 생각한 사람이 얼마나 되었을까?'

아무도 그것을 정확히 말할 수는 없지만 이렇게 얘기할 수는 있을 겁니다.

"불만을 느낀 사람은 많았겠지만, 그들 가운데 사회를 뒤집어엎어야 한다고까지 생각한 사람은 별로 없었을 테지. 왜냐하면 불만이 없던 사람들이 1789년에 와서야 비로소 불만을 느끼진 않았을 테니까."

한마디로, 당시 사람들은 조상 대대로 살던 방식에 불만을 품고 불평하면서도 딱 거기까지고, 그냥 현실을 따르는 사람이 훨씬 더 많았던 것이죠.

사람은 누구나 부모를 선택할 수 없습니다. 하물며 혁명 전 프랑스에서 태어난 사람은 어땠을까요. 운이 좋으면 귀족이 되었을 테고 아니면 평민으로 태어났을 겁니다. 그런데 귀족의 자식으로 태어났다고 무조건 좋았던 것은 아닙니다. 물론 귀족의 맏아들은 좋았어요. 모든 재산을 맏이가 물려받았으니까요. 하지만 둘째 아들부터는 실속이 별로 없었습니다. 피만 물려받은 셈이죠. 더욱이 가난한 귀족의 자녀로 태어났다면? 귀족의 딸 가운데는 돈이 얼마 없기 때문에 결혼도 하지 못한 채 수녀원에 들어간 사람도 많았습니다. 하지만 그래도 귀족이 평민보다는 나았죠. 사회적으로 기회가 많았으니까요. 예를 들어, 가난한 귀족의 아들은 사관학교에 들어가 장교가 될 수도 있었습니다.

평민, 그중에서도 가난한 부모 밑에서 태어났다고 생각하면 참 암울하겠죠? 어려서부터 집도 없고, 밥은 굶는 때가 더 많고, 교육도 제대로 받지 못한 사람은 참 슬펐을 것입니다. 그래도 일단 태어나면 열심히 살아야 했고, 아주 드문 경우이긴 하지만 어떤 사람은 성공을 했습니다. 자므레 뒤발은 수레 만드는 사람의 아들로 태어나 다섯 살에 고아가 되었습니다. 그는 학교를 제대로 다니지 못했으면서도 부지런히 공부를 했죠. 그러다 스물세 살 때 마침 사냥하러 나왔던 귀족의 눈에 띄었고, 그 귀족의 도움으로 나중에 역사교수가 되었어요.

시간이 흐르면 모든 것이 변하듯 신분제 사회도 변화하기 시작합니다. 특히 18세기에는 핏줄도 중요하지만 재능을 중시하는 분위기가 좀 더 널리 퍼집니다. 앞에서 계몽사상가들이 전통사회의 모순을 비판했다고 말했는데, 그들은 먼 옛날 전쟁에 이긴 사람들이 귀족이 되면서 진 사람들을 억누른 사회가 전통사회이기 때문에 정당하지 않다고까지 주장했어요. 또 계몽사상가들은 구성원들의 충성심을 끌어내려면 자발적인 참여와 합의가 필요하다고 말합니다. 이 말을 확인하려면, 장

자크 루소가 쓴《사회계약론Du Contrat Social》을 읽어 보시길 바랍니다.

더욱이 1789년 1월에 시에예스Sieyès, 1748~1836 신부는《제3신분이란 무엇인가?Qu'est-ce que le Tiers État?》라는 책을 썼습니다. 그는 이 소책자에서 제3신분의 중요성을 일깨우며 이렇게 말했습니다.

"제3신분이란 무엇인가? 전부다.
그런데 그들은 지금까지 무엇이었나? 아무것도 아니
었다."

사람들은 너도나도 그 책을 사서 읽었죠. 시에예스 신부의 주장은 뚜렷하고 단호했습니다. 인구의 98퍼센트인 제3신분이 프랑스의 모든 세금을 거의 다 부담하고 있지만, 전혀 인정을 받지 못하고 있기 때문에 이제부터라도 정당한 대우를 받아야 한다고 시원스레 말한 것이죠. 당시 사람들에게 시에예스 신부의 말이 얼마나 통쾌하고 감격스러웠을까요? 그들은 1789년 초부터 무엇인가 좋은 일이 일어나리라는 희망을 가졌는데, 과연 몇 달 뒤부터 신분제 사회가 무너지는 혁명의 조짐이 움트기 시작합니다.

장면 2

이 또한 지나가리라

평민의 고단한 일상은 그가 진 짐뿐만이 아니라 동물 때문이기도 하다. 화려한 옷을 입고 웅장한 건물에 사는 종교인과 귀족은 평민의 피땀으로 잘 먹고 잘 살면서도 평민의 존재를 잊은 듯하다. 평민은 귀족과 종교인이 기르는 비둘기·토끼·개·원숭이가 농작물을 망쳐도 아무런 대책을 마련할 수 없었다. 신분사회에서 평민은 특권층의 동물보다 지위가 낮았다.

《제3신분이란 무엇인가?》를 쓴 시에예스 신부는 그 책보다 먼저 《특권론》을 써서, 특권층을 진정한 생산자인 농민의 피를 빠는 기생충이라고 비난했다. 중농주의 사상과 루소의 사상을 반영한 시에예스의 글은 '아무것도 아닌' 제3신분이 '전부'가 되는 시대가 곧 와야 한다고 강조한다. 그리고 과연 1789년부터 그런 희망이 보이기 시작했다.

장면 3

혁명의 도리깨질

    1789년 8월 4일부터 11일까지 1주일 동안 국민의회의 거물급 귀족들은 '봉건제도를 완전히 폐지하기로' 결의했다. 이로써 혁명의 주역들은 지난 6월 17일 국민의회를 선포하고, 6월 20일 죄드폼의 맹세로 그 원칙을 다시 한 번 확인한 뒤, 6월 23일 왕의 명령을 거부하여 정치적 구체제절대왕정를 무너뜨린 지 한 달 반 뒤에, 사회적 구체제를 무너뜨렸다. 그후 인권선언에 헌법 정신을 담아 나라를 재조직하는 일과 구체제를 완전히 폐지하는 일에 매달린 국민의회는 1790년 6월에는 귀족 칭호까지 금지하게 된다. 이처럼 1년 사이에 수많은 변화가 일어났다.

    그림은 신분사회의 상징인 의복·모자·칼·방패·문장을 도리깨로 산산조각 내고 있는 평민을 기분 좋게 표현했다.

왜 혁명이라고 부를까?

우리는 살면서 누구나 선거에 참여합니다. 이는 구성원들이 스스로 자신의 운명을 결정하는 일로 정치적 행위에 참여하는 것입니다. 그러나 옛 프랑스 사람들은 대부분 태어나서 죽을 때까지 자기가 정치와 직접 상관이 없는 줄 알았습니다. 세금을 내 나라 살림이 돌아가게 하면서도 정치적 권리가 없었기 때문입니다. 실제로 정치는 베르사유 궁전에서 루이 16세와 대신들이 하는 것이었죠. 그런데 1789년부터 프랑스 사람들은 자신들이 직접 대표를 뽑고 정치적인 결정을 할 수 있게 되었습니다.

그들은 1년 전만 해도 왕이 무언가 해주길 바랐지만, 이제 스스로 결정하고 자신의 운명을 책임지게 되었습니다. 이것이 얼마나 큰 변화인지 상상하실 수 있나요? 이것이 바로 혁명입니다. 혁명과 반란은 다릅니다. 반란은 이전에도 수없이 일어났지만 프랑스 왕국의 제도를 바꾸지 못했습니다. 그러나

1789년에 혁명이 일어나면서 사람들은 제도를 급격히 바꾸기 시작합니다. 절대군주였던 왕은 법률을 만드는 권한을 국민의 대표들에게 빼앗긴 것이죠. 민란이나 반란은 왕국이라는 체제 안에서 일어나 대개 실패로 끝나지만, 혁명은 이렇게 모든 것을 근본적으로 바꿉니다.

그럼, 프랑스 혁명이 최초의 혁명일까요? 그렇진 않습니다. 17세기 말 영국에서 명예혁명이 일어납니다. 18세기에는 영국의 식민지인 아메리카에서 혁명이 일어나 성공했고요. 새로 태어난 미국은 프랑스 혁명이 일어난 1789년에 워싱턴을 초대 대통령으로 뽑고, 새로운 제도인 대통령제를 정착시켰습니다. 그 사이 스위스의 제네바와 벨기에의 브라방에서도 혁명이 일어났고요. 그러니까 프랑스 혁명은 대서양을 끼고 유럽과 아메리카에서 일어난 여러 혁명에서 영향을 받았음을 알 수 있습니다.

그렇지만 여기서는 명예혁명이나 미국 독립혁명에 대해 더 알아보지 않고, 프랑스 혁명에 집중하겠습니다. 프랑스 혁명은 아주 독특하고 전 세계에 큰 영향을 미쳤기 때문입니다. 간단히 말하면, 프랑스 혁명정부는 유럽 여러 나라와 싸우면서 국제적인 질서를 완전히 바꾸어 놓았고, 그 뒤 200년 동안 세계 여러 나라가 프랑스 혁명을 본받으려고 노력하게 만들었습니다.

'구체제'는 혁명이 만들었다

'구체제는 혁명이 만들었다.' 이 말이 뭔가 이상하고 이해하기 어려우실 수도 있지만, 당장은 그렇더라도 지금부터 천천히 생각해 보시기 바랍니다.

프랑스 혁명 당시 사람들은 자신들이 새 나라를 멋지게 건설한다는 자부심이 대단했습니다. 그러다 보니 자연스럽게 헌 나라는 버려도 아까울 것이 없다고 생각했죠. 이때 헌 나라, 즉 '구체제'는 '옛날의 체제'라는 '앙시앵 레짐Ancien régime'을 옮긴 말입니다. 이렇게 사람들이 혁명을 기준으로 시대를 나누어 봤기 때문에 '구체제는 혁명이 만들었다'고 말한 것입니다.

조금 쉽게 설명할까요? 어떤 사람이 앞으로 새사람이 되겠노라 결심했다고 가정해 보죠. 그 이유가 뭘까요? 그가 과거의 행동을 부끄러워한다는 겁니다. 하지만 부끄러운 것은 모든 행동이 아니라 어떤 특별한 행동이나 습관입니다. 사람은 자신이 올바르게 살았던 적이 많았더라도 그보다는 결점을 크게 보고, 그것을 고치겠다고 결심합니다.

"나는 이제부터 새사람이 되겠어."

그 뒤, 그가 훌륭한 일을 많이 해서 그의 이름과 업적이 역사에 남았다고 해봅시다. 후세 사람들은 그를 만난 적이 없지만, 그에 대한 기록을 읽고서 이렇게 말할 것입니다.

"그는 아주 형편없는 사람이었지만, 새사람이 되려고 결심한 뒤에 훌륭한 일을 했군."

그런데 과연 그가 새사람이 되기 전에는 결점만 있는 사람이었을까요? 그가 자발적으로 새로운 사람이 되겠다고 말할 때가 중요한 계기이긴 해도, 그가 항상 나쁜 일만 하지는 않았을 겁니다. 또 곁에서 그를 바른 길로 이끌려고 노력한 부모와 친구 그리고 선생님들도 있었을 겁니다. 옛 프랑스, 다시 말해서 구체제도 마찬가지입니다. 결점만 있었을 것으로 생각해서는 안 됩니다.

구체제에도 정치와 사회를 변화시키려고 노력한 사람들이 있었음을 잊지 말아야 합니다. 그런 사람들에게 기회가 오니까 혁명이 일어난 것입니다. 그리고 그들은 자신들이 부정하는 과거를 구체제라 부르면서 새로운 나라를 건설하려고 노력합니다. 그 과정에서 '구체제의 모순'을 강조했고요. 그러니까 구체제의 모순을 강조하는 시각은 당시 혁명가의 눈으로 프랑스 혁명 이전의 사회를 보는 것입니다. 혁명가가 바꾸려던 구체제의 모순이 구체제의 전부라고 생각하는 것이고요. 다시 말해 모순 덩어리 구체제는 혁명이 일어나면서 생겼습니다.

한마디만 덧붙이고 끝내겠습니다. 오늘날 역사가들은 '모순'만 보려 하지 않습니다. 그보다는 구체제의 모든 면을 '있는 그대로' 알려고 노력한답니다.

"우리는 프랑스 혁명이 낳은 구체제가 아니라, 프랑스 혁명을 낳은 구체제를 이해해야 한다."

이 책을 읽은 뒤, 방금 나온 말을 더 잘 이해하기 위해 프랑스 혁명의 역사를 깊이 공부하시는 분이 생기면 참 좋겠습니다.

구체제에서 프랑스인들은 어떻게 살았을까?

구체제를 모순이라고만 보지 않는 이유는 앞에서 말했습니다. 모순 없는 사회가 없으며 모순만 보려 한다면 제대로 보지 못하는 부분이 많다는 것이죠. 어떤 사람을 파악할 때 그 성격을 일일이 파악하기는 어려워도 모순보다는 특징을 평가해야 합니다. 마찬가지로 프랑스 혁명을 이해하기 위해서는 구체제의 모순이 아닌 특징을 간추리는 편이 낫습니다. 앞에서 이미 구체제의 정치적 특징을 절대군주정이라 말했으니, 지금부터는 사회·경제·문화의 측면을 살펴보겠습니다.

구체제는 신분사회였기 때문에 소수가 특권을 누렸습니다. 인구 대다수는 농촌에서 살았고 대부분의 세금은 농민이 냈죠. 도시민은 어떤 물건을 소비하면 소비세를 냈고 귀족은 대개 세금을 면제 받았어요. 그들은 자신들이 전통적으로 나라를 지키기 때문에 따로 돈을 낼 필요가 없다고 주장합니다. 이른바 '피의 세금'을 낸다고 그럴 듯한 이유를 댔던 것이죠.

성직자는 사람들에게 십일조十一租라는 세금을 걷으면서, 한편으로는 나라에 돈을 냈어요. 그런데 그들은 5년에 한 번 기부금의 액수를 정한 뒤 매년 5분의 1씩 나눠서 냈습니다. 그동안 자기 수입이 늘거나 물가가 올라도 5년 동안은 이미 정한 돈만 냈던 것이죠. 이것이 특권임은 아시겠죠? 성직자들이 농민에게는 5년 동안 물가에 따라 세금을 더 걷으면서도 나라에는 고정된 돈을 냈다는 말입니다. 그리고 자신들이 내는 돈은 '세금'이 아니라 '기부금'이라 칭했고요. 그래서 물가가 오르고 돈 가치가 떨어지면 다른 사람들은 실제 수입이 줄어들었지만, 성직자들은 오히려 수입이 늘었습니다.

불평등은 세 신분 사이뿐만 아니라 같은 신분 속에도 있었는데, 특히 남자와 여자, 어른과 아이는 평등하지 않았습니다. 대부분 여자와 어린이가 불리했죠. 그러나 여성도 사업을 할 수 있었습니다. 남편이 죽으면 부인이 그 직업을 물려받았기 때문에 남편이 부리던 직공이나 점원을 부릴 수 있었던 것입니다. 그래도 전체적으로는 성직자와 귀족이 제3신분보다, 남자가 여자와 어린이보다, 도시민이 농민보다 더 혜택을 누리는 불평등한 사회가 바로 구체제였습니다.

경제적인 특징도 알아보겠습니다. 옛 프랑스는 농업국가였기 때문에 농민의 조건에 대해 알아야 합니다. 농민 가운데 부자는 '마을의 멋쟁이' 또는 '마을의 수탉'이라고 불렸어요. 프랑스에서 수탉은 국가를 상징하는 새이기 때문입니다. 이런 마을의 멋쟁이는 편안하게 살았지만 작은 땅을 부치는 농민은 늘 허덕이며 살았습니다. 하물며, 남의 땅을 부치는 소작농은 어땠을까요? 또 농촌에서도 남의 밑에서 품을 파는 노동자가 많았습니다. 그러니까 농민 대다수는 자기가 생산한 농산물을 제대로 소비하지 못하는 실정이었죠.

오늘날 우리는 비닐하우스 같은 시설 덕분에 날씨로부터 비교적 자유롭게 농사를 짓지만, 옛 프랑스 농민들은 대개 하늘만 바라보았습니다. 흉년이 들면 굶어 죽는 사람이 늘었고, 겨울철에는 더욱 비참했지요. 혁명이 일어나기 전해 여름에는 돌풍이 불고 우박이 떨어지더니, 겨울1788~1789에는 기온이 영하 20도 가까이 내려가 사람이 죽어도 땅을 파지 못해 묻을 수 없을 만큼 추웠습니다. 그 결과 곡식이 터무니없이 모자랐고, 미국에서 밀을 수입해도 빵 값이 치솟는 것을 막을 수 없었어요. 혁명은 국가재정이 바닥나고 혹독한 추위를 견뎌 낸 사람들이 비싼 값에도 빵을 구하기 어려울 때 일어났습니다.

이제 문화적인 특징에 대해서도 알아봅시다. 사람이 태어나 살다 죽는 과정에서, 그의 행동을 제약하는 법·종교·관습·사고방식·태도 같은 것을 크게 말해서 문화라고 합니다.

당시 사람들은 가톨릭 안에서 태어나 평생 그 영향을 받으며 살았습니다. 태어나면 영세를 받고, 결혼할 때와 죽을 때도 신부의 도움을 받았죠. 그들은 종교적으로 중요한 날을 정해 놓고 교회에 모여 식을 치르고, 거리를 행진하고, 뒤풀이를 했습니다. 그러다 죽으면 교회가 정한 묘지에 교회가 정한 방식으로 묻혔고요.

아직 철도를 놓기 전이라서 가장 빨리 움직이려면 말의 힘이 필요했습니다. 그래서 기차역처럼 전국에 일정한 거리마다 말을 갈아탈 수 있는 역참을 두었지요. 오늘날 우리는 직접 만나지 않아도 세계의 모든 소식을 듣고 사진과 동영상을 교환할 수 있지만, 당시 사람들은 직접 만날 수 없을 때에는 편지를 썼습니다. 그래서 소식을 전하는 사람이나 편지는 말 달리는 속도를 넘어서기 어려웠답니다.

물론 간단히 소식을 알리는 방법도 있었어요. 교회의 종소리는 평소 시간을 알려 주었을 뿐만 아니라 여러 가지 소식도 전해 줬습니다. 경쾌한 종소리를 들은 사람은 결혼식이 있겠구나 생각했고, 또 엄숙한 종소리를 들으면 종교적으로 행사가 있거나 누가 죽었구나 생각했습니다. 그리고 급하게 마구 치는 종소리를 경종이라 하는데, 위급한 일이 생기면 들을 수 있었어요. 혁명기에는 도시나 농촌에서 경종 소리가 자주 울려 퍼졌습니다.

농민은 조상 대대로 물려받은 두려움을 안고 살았습니다. 그들은 실제로 일어나는 일에 대해 두려워했을 뿐만 아니라, 상상적인 것에 대해서도 두려워했습니다. 어떤 나쁜 일이 실제로 일어날 수도 있다는 두려움, 즉 불안을 품고 살았던 것이죠. 그런 마음은 생존의 조건이 안정적으로 발전해야 비로소 사라집니다. 무엇보다도 농사꾼은 굶주림과 질병 그리고 전쟁을 두려워했는데, 현실을 바로 보지 못하고 나쁜 일을 상상했어요. 요새 말로 음모론을 키웠던 겁니다. 농사를 망쳐서 빵 값이 올랐는데도, 가난한 사람들은 귀족들이 자신들을 굶겨 죽이려고 밀가루를 쌓아 놓고서 풀지 않는다고 생각할 정도였어요. 그들에게는 피해 의식이 있었기 때문입니다. 더욱이 있지도 않은 도적떼가 돌아다니면서 아직 패지도 않은 밀과 보리를 잘라 간다고 상상하고 실제로 무장하는 일도 있었습니다.

질병은 흑사병 같은 돌림병을 뜻했습니다. 게다가 전쟁이 나면 당장 목숨을 잃지 않더라도 전보다 훨씬 더 나쁜 상황을 겪어야 했답니다. 그리고 가난한 사람에게는 추위도 문제였지만 더 두려운 것은 굶는 일이었습니다. 혹독한 겨울에 배를 곯는 사람은 얼마나 고통스러웠을까요. 가난한 사람들은 얼어 죽지 않으려고 광장에 모닥불을 피우기도 했습니다. 그들은 불을 쬐다가, 조그만 불씨를 가지고 집으로 돌아가 잠시나마 집 안에 온기가 돌게 했죠. 그러다가 불을 내기도 했고요. 왕은 가난한 사람들에게 음식을 나누어 주고 때로는 돈도 줘서 굶어 죽지 않게 했지만, 가난을 완전히 없애지 못했습니다.

가난한 사람은 면역력이 없기 때문에 가벼운 설사병에 걸리거나 감기에만 걸려도 죽기 쉬웠어요. 그들 주위에는 언제나 죽음의 그림자가 따라다녔고, 그래서 죽음을 더 두려워했죠. 임산부도 죽음을 연상시켰습니다. 산욕열産褥熱로 죽는 임산부, 어머니 배 속에서 죽어 버린 아기, 태어나자마자 죽은 아기가 많았기 때문입니다. 통계를 보면, 네 명의 아기 가운데 한 명이 돌을 맞이하지 못했어요. 그러므로 그들은 어둠·악마·지옥과 관련해서 상상의 두려움을 안고 살아갔던 겁니다.

농민은 거의 변화를 모르고 살았지만 도시에서는 변화를 느낄 수 있었습니다. 농촌에는 두엄 냄새와 교회의 종소리가 퍼졌다면 도시에는 더욱 복잡한 냄새와 소리가 넘쳤어요. 특히 마차 소리는 도시의 바쁜 일상생활을 말해 주었습니다. 사람이 많이 오가는 다리 위에는 꽃 파는 아가씨, 개털 깎는 사람, 온갖 장사치가 물건을 팔았죠. 소매치기는 어수룩한 사람의 주머니를 노리고 다녔고, 경찰은 남의 이야기를 엿들으며 수상한 사람을 뒤쫓았어요. 경찰이 고용한 사람도 많았는데,

그렇게 해서 하인들은 주인을 감시하여 경찰에 보고했죠. 왕·종교·풍속을 해치는 이야기를 하거나 그런 책을 읽는 사람을 잡으려고 했던 것입니다. 왕과 대신 그리고 귀족들은 대개 변화를 싫어했지만 도시에서는 변화의 기운이 움텄습니다.

거리 한 귀퉁이에서 노래를 파는 사람이 목청을 높이면, 사람들은 노래를 듣고 좋으면 악보와 가사를 사서 연습했습니다. 때로는 악보 없이 가사만 팔기도 했는데, 그 가사를 유명한 노래 곡조에 맞춰 부르라는 뜻이었죠. 오늘날 우리가 하는 '가사 바꿔 부르기'와 같습니다.

도살장이 시내에 있었습니다. 그 근처는 거리까지 피범벅이었고 피비린내가 났어요. 튀일르리 궁전 앞 정원의 나무 밑은 사람들 대소변으로 냄새가 고약했습니다.

갑자기 누가 죽어 가는지 신부가 급히 가면, 마차에 탄 사람도 그가 모시고 가는 성량聖糧을 보고 예의를 표시했습니다. 성량이란 성스러운 떡을 말합니다. 성량을 모시고 가는 신부를 보면 왕도 마차에서 내려 무릎을 꿇었지요.

이 같은 일상의 풍경은 유행이 바뀌거나 생각이 바뀌면서 달라집니다. 먼저 유행의 변화를 보면, 외국에서 새로 들어온 옷감으로 옷을 만들어 입은 귀부인이 거리에 나타나면 그걸 본받는 사람이 늘었어요. 마리 앙투아네트Marie Antoinette,

왕비는 영국에서 들어온 모슬린^{muslin}으로 하늘거리는 옷을 만들어 입었는데, 사람들은 그녀의 초상화를 보고 속옷 바람으로 그림을 그렸다고 화를 내기도 했습니다.

귀족 여성은 50센티미터에서 1미터까지 머리를 장식하기도 했어요. 일명 '고슴도치 양식'은 과일 그릇이나 동물원, 또는 바다의 군함을 머리에 연출했습니다. 어떤 여성은 머리에 전원의 풍경을 담았는데, 풍차가 실제로 돌아가고 연못 근처에는 사냥꾼이 오리를 노리고 있는데, 방앗간 주인이 나귀를 타고 시장으로 나가는 사이 그의 아내를 수도사가 유혹하는 장면이었어요. 그런 머리 장식을 하면, 마차를 탈 때 머리를 창밖으로 내놓고 다녀야 했죠. 참 거추장스러웠지만 그래도 당시 유행하던 멋이었습니다.

그런데, 보이지 않는 변화는 마음속에서 일어나고 있었습니다. 계몽사상가들 덕택에 사회문제를 공공연히 말할 수 있는 분위기가 생겼기 때문입니다. 살롱^{Salon}은 여러 사람이 모여 문학이나 정치 같은 주제에 대해 자유롭게 이야기하던 공간이었어요. 주로 부잣집 여성이나 남성이 자기 집에 사람들이 모일 수 있게 살롱을 열었는데, 거기서 신분사회의 성격을 바꾸는 일이 일어나곤 했습니다. 살롱에서는 귀족보다 루소나 디드로 같은 평민이 더 환영받는 경우도 있었거든요. 디드로는 백과

사전을 만든 지식인이었죠. 또 벤저민 프랭클린Benjamin Franklin, 1706~1790 같은 외국인도 환영받았어요. 핏줄이나 신분을 중시하던 구체제에서 재능을 중시하는 모임이 발달한 것입니다.

구체제는 개인보다 가문이나 신분을 중시했지만 서서히 개인의 재능을 중시하는 분위기가 무르익고 있었어요. 이처럼 새로운 문화가 탄생한 덕택에 반란이 아니라 혁명이 일어날 수 있는 조건이 생긴 것이랍니다.

혁명 이야기를 들려주겠다고 해놓고 다른 얘기만 늘어놓는다고 생각하시지 않았나요? 저도 혁명 얘기를 하고 싶었지만 많이 참았습니다. 구체제는 혁명이 일어날 때까지 1,000년 이상의 뿌리를 가진 관습과 제도가 얽히고설킨 복잡한 것이어서 간단히 무시해 버리기 어렵습니다. 게다가 혁명이 일어났다고 해서 당장 일상생활의 방식이 사라지진 않습니다. 그래서 조금 자세히 도시와 농촌의 생활 모습을 이야기했어요.

왜 혁명이 일어났을까?

혁명이 어떻게 시작되었는지 말하려면 1789년 5월 5일에 모인 전국 신분회 얘기부터 알아야 합니다. 전국 신분회를 삼부회三部會라고 부르는 사람도 있습니다. 이 두 가지는 같은 것이라고 이해하시면 됩니다. 그러나 삼부회는 일본 말을 그대로 빌려 쓴 말이라, 이 책을 읽는 분들은 앞으로 '삼부회'보다 '전국 신분회'라는 말을 써 주시기 바랍니다.

전국 신분회는 14세기 초에 생긴 기관입니다. 왕은 돈이 필요할 때, 세 신분의 대표들을 불러 모았습니다. 이곳은 성직자·귀족·평민의 대표들이 모여 왕이 세금을 걷어도 좋다고 동의해 주는 기관이었죠. 그리고 눈치 빠른 독자라면, 전국 신분회가 있다면 지방 신분회도 있었다는 사실까지 아셨을 겁니다. 지방 신분회는 일부 지방에만 있었는데, 그곳에서는 세 신분 대표가 자신들의 지역에서 나라에 낼 세금을 주민에게 어떻게 나누어 걷을지 같은 중요한 일들을 합의했습니다.

이렇게 볼 때, 왕정이건 민주정이건 모두 구성원의 합의로 운영된다는 사실을 알 수 있습니다. 구성원의 합의를 기다리지 않고 멋대로 하는 정치를 독재정이라고 합니다. 왕정 시대에도 구성원의 합의를 이끌어 내 화합의 정치를 하는 슬기로운 왕이 있었는가 하면, 자기 멋대로 하는 폭군 또는 전제군주가 있었어요.

그런데 1789년의 전국 신분회는 175년 만에 처음 열렸습니다. 그동안 프랑스 왕은 전국 신분회를 소집하지 않고서도 세금을 신설하여 돈을 마련했죠. 돈이 많이 드는 사업 가운데 하나가 전쟁입니다. 이기면 다행이지만 지면 나라 살림이 거덜났어요. 루이 14세는 툭하면 전쟁을 벌였고, 그의 증손자인 루이 15세도 여러 번 전쟁을 치렀죠. 그리고 아주 중요한 7년 전쟁1756~1763에서 영국에게 지면서 북아메리카의 식민지를 빼앗겼습니다.

게다가 루이 15세의 손자인 루이 16세는 미국 독립 전쟁을 지원했는데, 미국은 독립했지만 프랑스는 별로 얻은 것이 없었어요. 오히려 나라 빚만 늘었죠. 결국 외국에도 손을 벌려 돈을 빌렸지만 돈이 들어가는 곳이 한두 군데가 아니었습니다. 나중에는 이자를 갚는 데만 한 해 예산의 절반 이상을 쓸 정도였습니다.

루이 16세는 돈이 없었기 때문에 성직자·귀족·부유한 평민의 대표들을 불러서 그들의 토지 재산에 세금을 매길 테니 도와 달라고 합니다. 그 모임을 명사회名士會라 불렀어요. 명사회는 두 번이나 모였지만, 번번이 왕의 요구를 거절했죠. 명사들은 자기네 특권을 희생하고 싶지 않았기 때문에 왕에게 협조하지 않았습니다.

그런데, 루이 16세가 왕이 될 때부터 전국 신분회를 소집해야 한다고 주장한 사람들이 있었습니다. 그들은 세금을 걷어 재정 문제를 해결하려면, 세 신분 대표들의 동의를 얻어야 한다고 주장했어요. 그러나 루이 16세는 계속 버텼죠. 왜 프랑스 왕들은 175년 동안이나 전국 신분회를 소집하지 않았을까요? 루이 14세, 루이 15세, 루이 16세는 모두 전국 신분회가 귀족의 이익을 대변하는 기관이라고 생각했습니다. 때로는 왕도 나라를 개혁하려고 했지만, 귀족과 성직자가 전국 신분회를 지배하여 결국 개혁을 방해하기 때문에 전국 신분회를 소집하기를 꺼려했던 것이죠. 왕이 귀족과 특권층을 보호해 줄 때는 귀족들도 왕에게 협조했어요. 그러나 왕이 귀족에게 특권의 일부를 희생해 달라고 요구하면 귀족은 왕에게 강하게 반대했습니다.

루이 16세는 할아버지 루이 15세처럼 전국 신분회를 소집하지 않고 버텼지만 막다른 골목에 몰립니다. 재정 적자를 더 이상 메울 방법이 없었기 때문입니다. 1788년, 재정 적자가 심해지고 돈을 꾸기도 어려운 상황에서, 여름에 아기 주먹만 한 우박이 떨어지고 기후가 불순하여 농사를 망쳤어요. 그러면서 민심이 아주 악화되었고 전국 신분회를 소집하라는 요구가 드세집니다. 세금을 걷으려면 전국 신분회를 소집해서 국민 대표의 동의를 받으라는 것이었죠. 그래서 루이 16세는 할 수 없이 1789년에 전국 신분회를 소집하겠다고 발표했어요.

그러니까 전국 신분회를 소집한 가장 큰 이유는 재정 적자 때문입니다. 프랑스는 미국의 전쟁을 도와주면서 당시 돈으로 20억 리브르Livre를 썼습니다. 리브르는 돈을 세는 단위로 1리브르는 20수sou였죠. 당시 노동자가 하루 종일 힘겹게 일하면 1리브르를 벌었어요. 20억 리브르가 얼마나 큰지 짐작 가시죠? 1789년 프랑스 왕국의 총수입은 4억 7,500만 리브르를 조금 넘었고, 총지출은 5억 6,150만 리브르였어요. 그러니까 20억 리브르는 프랑스의 4년 치 수입보다 많았습니다. 또 수입보다 지출이 많았으니, 재정 적자가 얼마나 컸는지도 알 수 있습니다. 그래서 왕은 이 문제를 해결해 달라고 전국 신분회를 소집한 것입니다. 그런데 왕이 걱정하던 귀족과 성직자가 아니라 평민 대표들이 큰일을 내기 시작했답니다. 그렇게 프랑스 왕국은 혁명의 문턱을 넘어섭니다.

그러나 아무도 혁명이 일어나리라고는 예측하지 못했어요. 게다가 어느 한 사람 또는 어느 집단도 자기가 원하는 대로 혁명의 흐름을 이끌어가지 못했습니다. 개인이나 집단이 잠시 권력을 맘껏 휘두른 경우가 있었다 할지라도, 결국 상황을 악화시킬 만큼 악화시키고 실패했어요. 이것은 프랑스 혁명뿐만 아니라 모든 역사에서 얻을 수 있는 교훈입니다. 독재자가 제 아무리 강한 권력을 쥐었다고 해도, 결국 여러 사람의 자발적인 참여와 합의를 이끌어 내지 못한다면 실패하고 만다는 교훈이죠.

장면 4

왕국의 씀씀이

영국에서 제작한 이 판화는 루이 16세, 마리 앙투아네트, 왕세자
가 재산을 빼앗기는 모습을 보여 준다.

루이 16세 : "나는 모든 것을 희생하겠다. 결국 내게는 사냥의 즐
거움과 궂은 날에 쓸 쇠붙이 몇 조각만 남겠지."

마리 앙투아네트 : "나는 일주일에 밤참을 세 번 먹을 수 있으면

다 내놓겠어."

　왕세자 : "장난감은 남겨 주면 좋겠어."

　루이 16세는 궁부의 민간인 관리, 군대의 장교와 병사, 종교적인 보시로 막대한 돈을 썼다. 그리고 부르봉 가문의 후예답게 사냥을 좋아했다. 1789년 7월 14일, 파리의 바스티유에서 전투가 벌어지던 날, 그가 숲 속에서 사냥감을 쫓다가 한 마리도 잡지 못했다는 것은 널리 알려진 일화다. 또한 같은 해 10월 5일에도 그는 숲 속에서 사냥하다가 파리 아낙들이 베르사유로 몰려든다는 기별을 받고 황급히 궁으로 돌아갔다.

　마리 앙투아네트도 그 나름대로 주위의 시녀들에게 돈을 지급하고, 연회를 열거나 의상과 장신구를 갖추는 데 막대한 돈을 썼다. 특히 마리 앙투아네트는 혁명 전부터 수많은 험담의 대상이었는데, 그것은 그가 '국고는 의상 디자이너인 로즈 베르탱Rose Bertin의 금고와 직접 연결되어 있다'는 말을 들을 정도로 옷과 장신구를 좋아했기 때문이다. 앙투아네트는 측근 여성뿐 아니라 남성들과 밤참을 먹으면서 사적인 시간을 많이 보냈기 때문에 사람들은 왕비가 동성애자나 양성애자라고 놀렸다. 그래서 그가 오랫동안 기다리던 아들을 낳자, 그 아이에 대해서도 '폴리냐 백작 부인Comtesse de Polignac의 아기가 아니냐'고 비꼬는 말이 나왔을 정도다.

전국 신분회가 국민의회로 다시 태어나다

　구체제의 전국 신분회는 정말 이상한 방식으로 운영되었어요. 똑같은 문제를 가지고 의논하면서도 세 신분이 한자리에 모이지 않았습니다. 그러니까 제1신분, 제2신분, 제3신분이 따로 모여서 의논했고, 그 결과는 각 신분마다 1표로 행사될 수 있었습니다. 결과가 언제나 특권층의 이익을 우선하는 방향으로 나올 것이 뻔하겠죠? 제1신분과 제2신분이 힘을 합치면 2표로 제3신분의 1표를 누를 수 있을 테니까요. 바로 이런 제도 때문에 설사 왕이 특권층을 제어하는 개혁을 바라더라도 전국 신분회를 선뜻 소집하기 어려웠던 것입니다.

　그런데 1789년에는 제3신분이 달라졌습니다. 먼저 그들은 인구수에 맞게 대표를 뽑진 못하더라도, 적어도 다른 두 신분의 대표를 합친 만큼이라도 뽑게 해달라고 요구했어요. 그리고 이번에는 신분별 투표가 아니라 전체가 한곳에 모여서 개인별 투표를 하자고 주장합니다. 그들이 요구한 대로만 됐다면 과거 신분별 투표보다는 좀 더 민주적인 결과를 끌어낼 수 있었을지 모릅니다.

그런데 왕은 제3신분의 대표 숫자만 두 배 늘려 주는 것으로 생색을 냅니다. 개인별 투표를 허락하지 않았던 거죠. 그래서 1789년의 전국 신분회 결과도 예전과 달라질 것이 없었습니다. 제3신분의 대표가 제아무리 백배, 천배 늘어나도 신분별 투표를 하면 겨우 1표뿐이라 별 소용이 없었던 것이죠.

1789년 5월 5일, 전국 신분회가 모이자마자, 세 신분은 각자 배정받은 회의실로 가서 재정 문제를 해결하라는 왕의 명령을 받습니다. 그러나 제3신분은 끝내 자기네 주장을 굽히지 않습니다. 세 신분 대표가 함께 회의를 하자고 끈질기게 요구했죠. 나중에는 먼저 귀족 대표 일부가 제3신분 편에 서고, 성직자 일부도 합세합니다.

사실, 성직자는 신분이 아니라 직업입니다. 성직자로 태어나는 사람은 없으니까요. 또 가톨릭 성직자는 결혼하지 않기 때문에 자식이 없습니다. 그래서 귀족이나 평민의 자식 가운데 일부가 성직자가 되죠. 물론 대개 귀족 출신은 높은 직책을, 평민 출신은 낮은 직책을 맡았어요. 그러므로 정확히 말해서 프랑스 왕국에는 귀족과 평민이란 두 신분만 있었습니다. 그럼에도 가톨릭이 국교였기 때문에 성직자를 제1신분이라고 했던 것입니다.

제3신분 대표들은 자신들이야말로 국민의 98퍼센트를 대표하기 때문에 진정한 주권을 가졌다고 주장했습니다. 예전 같으면 그들의 주장은 몹시 위험했겠죠. 왜냐하면 주권은 왕이 혼자 행사하는 것이었으니까요. 그러나 이번 전국 신분회에서는 거의 600명이나 되는 제3신분이 똘똘 뭉쳤고, 거기에 일부 귀족과 성직자가 합세해서 주권을 행사하겠다고 나섰습니다. 그들은 6월 17일 전국 신분회를 국민의회라 부르기로 결의합니다. 국민의회는 지금의 국회에 해당해요.

제3신분 대표들이 주축이 되어 국회를 만든 것은 혁명의 중요한 첫걸음입니다. 절대군주의 의지가 곧 법이 되던 시대가 가고, 이제 국민의 의지가 법으로 나타나는 시대가 왔다는 것이죠. 그래서 제3신분이 전국 신분회를 국회라고 주장한 것은 왕의 권위에 대한 중대한 도전이었고, 예전 같으면 반역죄였습니다. 반역죄를 지으면 어김없이 사형을 받던 시대에 그들은 용감하게도 왕의 권위에 도전했어요.

국민의회를 만들면서 제3신분 대표들은 자연스럽게 국회의원이 되었습니다. 그러나 그 다음이 더 중요했어요. 그들이 계속 국회의원으로 행동하고 다른 사람들이 그들의 행동을 인정해 주느냐가 더 중요하니까요. 한 걸음 내디딘 뒤에 멈춰 버

린다면 아무 일도 일어나지 않은 것이죠. 그곳에서 한 걸음씩
더 나아가야 진정한 혁명이라 할 수 있습니다.

죄드폼에서 새로운 정치문화가 열리다

루이 16세는 몹시 언짢아합니다. 그는 앙투아네트 왕비와 자기 동생들, 대신들의 말을 듣고, 제3신분이 모이던 회의실을 고친다는 핑계를 대고 닫아 버립니다. 제3신분 대표들은 6월 20일 회의실로 갔다가 닫힌 것을 보고 근처에 있는 실내 체육관으로 갔습니다. 그곳을 죄드폼Jeu de Paume이라고 하는데, 이 말은 테니스 같은 놀이의 이름이면서 그 놀이를 할 수 있는 실내 체육관을 뜻하는 이름이기도 합니다. 거기서 그들은 곧바로 맹세를 했어요. 초대 국회의장인 천문학자 바이이Bailly, 1736~1793가 먼저 맹세를 하고 나머지 의원들이 따라 했습니다.

"아무도 국회를 방해하지 못한다. 설사 강제로 대표
들을 쫓아낸다 할지라도, 그들이 모이면 그곳이 어디건
국회임을 밝힌다.
국회의 모든 구성원은 일치단결하여 왕국의 헌법을

제정하고 튼튼한 기반 위에 확립할 때까지 결코 헤어
지지 않겠다. 필요하다면 어디서나 모일 것이다. 우리는
맹세하고 서명하여 이 확고한 결심을 확인한다."

그러나 한 사람만은 맹세하지 않습니다. 카스텔노다리의 대
표 마르탱 도시란 사람입니다. 그는 용기 있는 사람이었을까
요, 아니면 비겁한 사람이었을까요? 맹세를 선창한 국회의장
바이이가 그에게 맹세를 하지 않은 이유를 물었더니 그는 이
렇게 대답합니다.
"나는 왕이 허락하지 않은 것을 실행해서는 안 된다고 생각
하기 때문에 반대했습니다."
대부분의 의원들이 국민의 편에서 생각할 때, 그는 왕의 편
에서 생각했던 것이죠. 비록 맹세의 현장에서는 그가 혼자였
지만 바깥에는 그처럼 생각하는 사람이 훨씬 많았습니다. 바
이이는 그의 의사를 존중해 주고, 위협받는 그를 보호해서 밖
으로 내보냅니다.
사실 5월에 모일 전국 신분회 대표를 뽑을 때부터 프랑스
사람들은 농민부터 도시민까지 모두 정치생활을 직접 경험하
기 시작했다고 볼 수 있습니다. 까마득한 옛날, 175년 전에 모
였다고 들은 전국 신분회의 대표를 직접 뽑는 경험을 한 것이

죠. 이 일이 그들에게 얼마나 큰 희망을 안겨 주었을까요?

혹독한 추위와 굶주림을 견딜 수 있는 힘도 생겼을 겁니다. 이제 자신들이 뽑은 대표들이 베르사유 궁으로 가서 왕에게 진정서를 제출하면, 왕이 문제를 해결해 줄 것이라고 믿었을 테니까요. 진정서란 전국 신분회 대표들이 가지고 가는 문서였어요. 사람들은 거기에 온갖 불평불만을 쏟아 놓고 개선 방법을 적어 넣었답니다.

전국 신분회 대표들은 1789년 5월 1일 베르사유에 도착했습니다. 그들은 이튿날 베르사유 궁전에서 신분별로 루이 16세를 알현합니다. 그리고 5월 4일, 루이 16세는 전국 신분회 의원 1,200명을 한곳에 모아 놓고 재정 문제를 해결해 달라고 호소하죠. 그때 회의장에는 의원들을 포함해서 모두 3,000명이 모여 있었습니다. 거의 2,000여 명이 왕과 의원들을 보면서 나라가 잘 굴러갈 것이라는 희망을 보았어요. 그 가운데에는 베르사유에 사는 주민이나 파리 근처에서 찾아간 일반인도 많았답니다.

정치하는 모습을 공개하는 일도 프랑스 역사상 처음 있는 일이었어요. 그동안 정치는 베르사유 궁의 회의실에서 왕과 몇 명의 대신들만 하는 것이었습니다. 그런데 1789년 5월 이후, 사람들은 전국 신분회 회의실에 들어가서 대표들이 연설하고 결정하는 모습을 지켜볼 수 있게 됩니다.

죄드폼의 맹세도 국회의원만의 행사가 아니었습니다. 화가 다비드가 나중에 그린 역사화를 보면, 죄드폼에서 의원들 한 가운데 바이이가 높이 올라서서 선서를 하고, 그 앞에는 성직자와 귀족들이 서로 껴안고 화합하는 모습을 보여 주고 있는데, 오른편과 왼편 위쪽 창으로 사람들이 들여다보고 있는 것을 볼 수 있습니다. 그들은 정치활동을 가까이서 지켜보면서 그때그때 반응을 보였어요. 마음에 들면 박수를 치고 마음에 들지 않으면 비난을 퍼부었죠. 청중이 직접 결정을 내리지 않는다 할지라도, 정치적 결정에 참여하고 정치생활을 경험하게 된 것입니다. 이것은 새로운 정치문화가 탄생했음을 보여 주는 장면입니다.

장면 5

죄드폼의 맹세

화가, 자크 루이 다비드Jacques-Louis David, 1748~1825는 혁명 전부터 역사화를 많이 그렸다. 1790년에 그는 1789년 6월 20일의 '죄드폼의 맹세'를 가로 10미터, 세로 7미터나 되는 그림으로 표현했다. 여기에 그는 실제로 일어난 일과 자기가 이상적으로 생각하는 일을 뒤섞어 그렸다.

그림 한가운데 오른손을 처들고 맹세하는 이는 당시 국민의회 의장인 장 실뱅 바이이다. 그는 7월 14일 파리 초대 민선시장이 되었다. 그의 앞에서 얼싸안은 세 사람은 종교인의 화합을 상징한다. 흰옷은 수도사 동 제를, 가운데는 개혁 성향의 가톨릭 신부 그레구아르, 오른쪽은 개신교 목사 장 폴 라보 생테티엔이다.

그들의 오른쪽으로 의자에 앉은 시에예스 신부, 노란색 옷을 입고 두 손을 가슴에 얹어 벅찬 감동을 표현하며 바이이를 보는 로베스피에르, 검은 옷을 입고 왼손에 모자를 든 미라보 백작을 확인할 수 있다. 로베스피에르와 미라보 사이에 손을 모은 사람은 브르타뉴의 농민인 제라르 영감이다. 그는 전국신분회의 회의장에도 같은 모습으로 등장한다. 왼쪽으로는 늙고 병든 대표를 젊은 대표가 부축하고 있다. 이 그림에서는 단 한 사람, 오른쪽 끝에 고개를 숙이고

양손을 엇갈려서 어깨에 짚은 마르탱 도시만 빼고 모두 단결과 화
합을 보여 준다. 그리고 마르탱 도시의 양 옆에 있는 의원들을 눈여
겨보라. 한 사람은 그에게 왜 맹세하지 않는지 따지고 있고, 다른 사
람은 입에 손을 대면서 반대할 자유도 있다는 몸짓을 보여 준다. 이
들을 통해서 화가 다비드는 사상의 자유를 옹호한다.

　이 그림의 양쪽 창가에 있는 사람들도 눈여겨봐야 한다. 그들은
정치가 공개적인 활동이 되었음을 보여 준다. 그들은 회의장을 드나
들면서 박수와 야유로 의원들의 정치활동을 지지하거나 반대했다.
다비드는 왼쪽 창의 장막이 안쪽으로 펄럭이는 모습을 그려, 국민
이 대표들에게 빛을 주고 신선한 바람을 불어넣어 준다고 주장하는
듯하다.

루이 16세는 스스로 막다른 골목에 들어갔다

　루이 16세는 자기 권위에 도전하는 국회를 그대로 인정해 줄 수 없었습니다. 만일 그것을 인정한다면, 자신이 법을 만드는 권리를 포기한다는 뜻이니까요. 루이 16세는 자기의 명령을 기다리는 귀족과 성직자의 대표들을 생각하면서 큰 결심을 합니다. 그는 절대군주로서 전국 신분회를 소집하고 해산할 수 있었어요. 그는 6월 23일 모든 대표를 불러 모았습니다. 그리고 방청객을 들이지 않고 예전처럼 비공개로 회의를 열었습니다. 국회를 다시 전국 신분회로 되돌리려는 속셈이었죠.

　루이 16세는 거의 두 달 만에 구체제의 관행대로 시곗바늘을 되돌려야겠다고 생각한 것입니다. 그는 베르사유에 군대를 불러들였어요. 당시 프랑스 왕은 외국인 군대를 두었습니다. 왜 프랑스에 독일인 부대와 스위스인 부대가 필요했을까요? 옛날에는 귀족들이 왕의 돈을 받아 군부대를 하나씩 맡아서 지휘했는데, 외국인을 모아서 부대를 만들기도 했습니다. 그렇게 모인 군인들이 바로 용병으로, 그들은 봉급을 주는 사람의 명령만 듣는 아주 용감한 병사들이었어요. 싸움을 잘해야 먹고사는 사람들이었기 때문이죠. 왕은 왕실의 프랑스 수비대와 스위스 수비대는 물론 파리 행정관구의 수비대와 기마대에게도 다음과 같은 명령을 내립니다.

"파리와 연결된 대로와 회의장 근처의 크고 작은 길을 막고 일반인을 통제하도록 하라."

6월 23일 비가 내리는 날, 세 신분 대표들은 왕이 모이라고 말한 회의장으로 갔습니다. 수비대는 일반인을 한 사람도 들이지 않은 채, 먼저 제1신분과 제2신분을 차례로 입장시킵니다. 평민 대표들은 한 시간 이상 밖에서 비를 맞으면서 계속 툴툴거렸어요. 거의 두 달 동안 주인공 노릇을 하다가 다시금 푸대접을 받으니 화가 났던 거죠.

그들은 의전담당관에게 가서 항의합니다.

"국회의원들을 너무 무례하게 대하는 것 아닙니까?"

제3신분은 평민이었지만 이미 왕의 처사에 항의할 만큼 당당해졌습니다. 마침내 평민 대표들도 회의장에 들어갔어요.

왕은 그 나름대로 전통을 지키리라 결심합니다. 그날도 그는 여느 때처럼 다른 사람들을 오랫동안 기다리게 만들고, 11시가 되어서야 매부리들, 시동들, 방패잡이들, 근위대를 앞세우고 회의실에 도착했습니다. 왕은 사냥을 가장 큰 즐거움으로 쳤는데, 왕이 사냥을 나가는 날은 수행원이 많아서 왕궁이 숲 속으로 이사하는 것 같았어요. 루이 16세는 바로 그런 모습으로 회의장에 도착합니다. 그는 절대군주의 장엄한 모습을 되찾는 동시에, 국회의원들을 인정하지 않겠다는 강한 의지를 표현한 것이지요.

루이 16세가 안으로 들어서자 세 신분 대표들이 모두 일어섰습니다. 그리고 왕이 앉고 나서야 비로소 세 신분 대표들도 앉을 수 있었습니다. 그의 오른쪽에 성직자 대표, 왼쪽에 귀족 대표가 앉고, 이른바 '국회의원들'이 가운데에 자리를 잡았죠.

루이 16세는 회의를 소집한 목적을 부드럽지만 단호히 말합니다. 자신이 프랑스인의 아버지로서 전국 신분회를 소집한 목적을 대표들에게 상기시켰지요. 전통적으로 왕이 전국 신분회를 모이라고 명령할 때는 재정 문제를 해결하라는 숙제를 주는 동시에, 백성들이 진정서에 담아 보낸 문제를 해결해 주려는 목적이 있는 것입니다. 하지만 루이 16세는 자신이 전국 신분회 대표를 모이게 한 이유는 어디까지나 재정 문제를 빨리 해결하라는 데 있었다고 말합니다. 또 그는 대표들이 지난 두 달 동안 원래 목적에 맞게 일하지 않았다고 야단치면서 이렇게 말했어요.

"여러분, 과인은 여러분이 다시 한 번 과인을 중심으로 뭉치기를 바라오. 과인은 모든 백성의 아버지로서 또 왕국의 법을 지키는 사람으로서, 갖추어야 할 진정한 정신을 되찾고 그것을 침해하는 모든 행위를 단호히 응징하겠소.

그러나 여러분, 과인은 세 신분이 각각 누리는 권리를 분명히 존중해 주었소. 첫 두 신분에게 바라노니 지금은 조국을 위한 열성을 다해 과인을 충심으로 도와주기를 기대하오. 또 국가의 시급한 병폐를 인식하고, 만백성의 행복과 관련된 모든 문제에서 국론과 감정을 통일하는 일에 앞장서 주기를 기대하오. 그리하여 과인이 현재 왕국이 겪는 위기를 극복하기에 반드시 필요하다고 생각하는 것, 국가를 구하는 일에 앞장서 주기를 바라오."

루이 16세가 말을 마치고 자리를 뜨자 귀족과 고위직 성직자 일부가 회의장을 빠져나갔습니다. 그러나 주로 평민인 국회의원들은 자리에서 꼼짝도 하지 않았어요. 그들은 전날 결의한 대로 실천했습니다.

잠시 후 의전담당관 브레제Brézé 후작이 국회의장에게 다가가서 말했어요.

"여러분은 왕의 의도를 들었습니다."

이에 미라보Mirabeau, 1749~1791 백작이 일어나 화난 목소리로 말했습니다. 미라보 백작은 혀를 잘 움직이지 못하는 장애를 안고 태어났지만, 나중에 장애를 극복하고 훌륭한 웅변가가 된 사람입니다.

"그렇습니다, 우리는 사람들이 왕을 부추겨서 발표한 의도를 잘 들었습니다. 그러나 나는 이렇게 선언합니다. 만일 당신이 우리를 여기서 내보낼 임무를 띠고 왔다면, 당신은 무력을 사용할 수 있는 명령을 내려 달라고 요청해야 합니다. 왜냐하면 오직 총칼의 힘을 빌려야만 우리를 이 자리에서 몰아낼 수 있을 것이기 때문입니다."

모든 의원이 미라보의 말을 따라 외쳤어요.

"이것이 국회의 결심이다."

루이 16세가 보기에 이것은 반란이었습니다. 의전담당관이 물러가고, 국회는 침묵에 휩싸였습니다. 변호사로 활약한 경력이 있는 카뮈Camus가 나섰습니다.

"이 의회를 구성하는 대표들은 충분히 자격을 갖추었음을 확인했습니다. 이제 자유로운 국민의 동의를 받지 않으면 그 자유를 구속할 수 없음도 분명히 확인했습니다. 따라서 여러분은 마땅히 해야 할 일을 하셨습니다. 만일 우리가 첫걸음을 내디딜 때부터 멈춰야 한다면, 앞으로 무슨 일을 할 수 있겠습니까! 우리는 무조건 버텨야 합니다. 우리가 이제까지 결의한 것을 모두 지켜야 합니다."

그르노블Grenoble 출신 변호사 바르나브Barnave, 1761~1793도 일어났어요. 그는 스무 살에 변호사가 된 사람으로, 미라보 백작보다 훨씬 잘생겼으며, 미라보처럼 훌륭한 웅변가였습니다.

"여러분의 결정은 오로지 여러분에게 달렸습니다. 여러분은 자신이 누구인지 선언하였습니다. 여러분은 그 선언을 승인받을 필요가 없습니다. 조세의 결정권도 오로지 여러분에게 달린 문제입니다. 국민이 여러분에게 헌법을 제정하라는 명령을 내리고 여러분을 이곳에 보냈습니다. 그러므로 여러분은 국민의 이익을 지키는 데 필요하다고 생각하는 만큼 오랫동안 헤어지지 말아야 합니다. 국회의 이름을 지키는 것은 여러분의 존엄성에 관한 문제입니다."

여러 의원이 너도나도 앞다퉈 발언하면서, 조국을 위해 죽을 각오를 다졌습니다. 《제3신분이란 무엇인가?》를 쓴 시에예스 신부는 전국 신분회를 국민의회라 부르자고 제창한 사람이기도 합니다. 그는 말했습니다.

"가끔 먹구름이 낀다 해도, 언제나 빛이 우리를 이끌어 줄 것입니다. 방방곡곡에서 온 우리가 어떤 권한을 행사하고 어떤 임무를 수행하려고 여기 모였는지 스스로 물어봅시다. 우리는 단지 명령을 받은 사람입니까, 또는 왕의 관리란 말입니까? 그렇다면 우리는 복종하고 물러나야겠지요. 그러나 우리는 국민이 보낸 사람입니다. 그러므로 우리는 용기를 내서 자유롭게 우리의 임무를 수행합시다.

우리는 맹세했습니다. 그리고 그 맹세는 헛되지 않을 것입니다. 우리는 프랑스 인민의 권리를 되찾아 주겠다고 맹세했습니다. 인민은 우리에게 헌법을 요구합니다. 우리가 없으면 누가 헌법을 만들 수 있겠습니까? 우리가 아니면 누가 헌법을 만들겠습니까? 여러분의 선거인들을 대표할 권리를 그 어떤 힘으로 빼앗을 수 있단 말입니까?"

시에예스 신부의 말이 끝나자 우레와 같은 박수가 터졌고, 국회는 이미 결의한 내용을 지키겠다는 의지를 만장일치로 채택합니다. '인민'이라는 말이 처음 나왔는데, 이 책에서는 인민을 국가를 구성하는 모든 사람이라는 뜻으로, 민중을 피지배자 가운데 하층민의 뜻으로 쓰려고 합니다.

미라보 백작이 다시 나섰어요. 그는 정치적 감각이 뛰어났습니다.

"오늘 나는 국회 안에서 자유가 아름다운 열매를 맺는 것을 보면서 자유를 축복합니다. 우리가 이룬 과업을 굳건하게 만들도록 합시다. 우리 전국 신분회의 대표들은 신성한 존재임을 선언합니다. 우리는 두려워해서는 안 됩니다. 확신을 가지고 행동하자는 뜻입니다. 왕을 둘러싸고 과격한 충고를 하는 사람들에게 제동을 걸어야 합니다."

미라보는 국회의원이 정당한 의정활동을 하면서 자유롭게 발언하고 투표할 수 있도록 면책특권을 가져야 한다고 주장했습니다. 의원들은 미라보가 발의한 안건을 잠시 토론을 거친 뒤 반대 34표, 찬성 493표로 통과시킵니다.

"국회의원은 신성한 존재임을 선언한다. 그 누구라도 국회의원을 해친다면, 국회는 필요한 수단을 모두 동원하여 그렇게 하도록 시키거나 그렇게 한 자를 철저히 조사·추적·처벌할 것이다."

프랑스 국민의 승리는
국회의 완전한 구성으로 나타났다

지금까지 보았듯이 6월 23일, 루이 16세가 바라던 일은 일어나지 않았습니다. 그 대신 정반대의 일이 일어났지요. 루이 16세는 절대군주정의 원칙으로 되돌아가려다 스스로 막다른 골목에 발을 들여 놓은 셈입니다. 루이 16세는 의전담당관이 제3신분을 회의장에서 나가라고 했다가 오히려 쫓겨난 이야기를 듣더니 덤덤하게 말합니다.

"그들이 그곳에 남을 테면 남으라지."

루이 16세는 병력 2만 명을 베르사유에 집결시켰음에도, 왜 그들에게 명령하여 국회를 해산시키지 않았을까요? 회의장에 들어가지 못한 채 비를 맞으며 밖에서 국회를 응원하는 사람들을 보고, 마음 약한 루이 16세가 선뜻 무력을 쓰지 못했을 수도 있습니다. 또한 외국인 용병 부대는 돈을 받고 충성하기 때문에 왕의 명령을 따랐을지 몰라도, 프랑스인으로 구성된 수비대는 자기 가족 같은 사람들에게 총부리를 들이대기 쉽지 않았을 겁니다. 그들은 아마도 총을 쏘라는 명령을 받았다 해도 복종하지 않았을지 모릅니다. 결국 6월 23일의 승리자는 루이 16세가 아니라 프랑스 국민이었어요.

이렇게 볼 때, 제3신분이 국회를 선포하고 주도하면서 왕의 의지를 꺾은 것은 큰 의미를 가집니다. 더욱이 그들은 '루이, 당신만 신성한가? 우리도 신성하다'라는 듯이 의원의 면책특권을 결의하였습니다. 이로써 국회가 스스로 자신의 지위를 높였고, 그때부터 '혁명'은 착실히 진행되었지요.

당장 큰 변화가 일어난 것은 아니지만 아무도 예측하지 못한 일이 하나씩 일어났습니다. 그리고 그들은 짧은 시간 동안 그런 일을 겪습니다. 그들이 한 해쯤 뒤에 돌이켜 보면 스스로 깜짝 놀랐겠지요.

'아니, 우리가 이렇게 엄청난 일을 겪었고 해냈던가?'

깜짝 놀랄 만한 일이 짧은 기간 안에 일어나는 것, 그것이 바로 혁명입니다.

실제로 6월 23일, 루이 16세는 절대군주로서 권위를 회복하려 했지만 그의 명령은 통하지 않습니다. 그 뒤에도 루이 16세와 마리 앙투아네트 왕비, 왕의 동생들과 일부 대귀족들은 반격할 기회를 되찾으려고 기회를 엿보았지만 정치적 구체제는

6월 23일로 죽었습니다. 그리고 주도권은 왕의 손에서 국회와 국민의 손으로 서서히 넘어갔어요.

6월 24일부터 성직자와 귀족 대표들이 속속 국회에 합류합니다. 이제 왕을 제외한 세 신분이 국회를 인정한 셈입니다. 6월 27일, 루이 16세는 아직도 머뭇거리는 성직자 대표 라 로슈푸코 추기경과 귀족 대표 뤽상부르 공작에게 각각 편지를 써서 제3신분과 합류해서 회의를 하라고 명령했어요.

'평민'이 주도권을 잡은 국회에 다른 두 신분이 마지못해 참가한다는 것은 시곗바늘을 원점으로 되돌리기 힘든 상황이 되었음을 보여 줍니다. 이것은 평민의 승리로, 절대군주정은 옛 시대 유물이 되었습니다. 개혁을 바라지 않는 귀족과 성직자도 혁명의 길에 동참해야 했어요.

로슈푸코 추기경이 성직자 대표들을, 뤽상부르 공작이 귀족 대표들을 이끌고 '평민들'의 회의실로 들어섰습니다. 그때는 아직 국회를 '평민들의 회의'라고 부르기도 했습니다. 추기경은 말했어요.

"여러분, 우리는 왕을 사랑하고 존경하기 때문에, 또 평화를 바라기 때문에, 국가의 행복을 열망하기 때문에 이곳에 왔습니다."

뒤를 이어 뤽상부르 공작이 말합니다.

"여러분, 귀족 신분은 오늘 아침 국민의 회의실에 합류하기로 결의했습니다. 그리하여 왕에게 존경을 표시하고, 국민에게 우리의 애국심을 보여 주려고 이 자리에 왔습니다."

이렇게 해서, 열흘 만에 국회가 완전히 구성되었습니다. 국회는 6월 30일부터 공식적으로 활동하기 시작했답니다. 그럼에도 혁명을 반대하는 세력, 다시 말해서 '반혁명'을 꿈꾸는 세력은 두 눈을 시퍼렇게 뜨고 사태를 지켜보면서 모든 수단을 동원할 태세를 갖추었지요.

재무총재 네케르

프랑스 왕실에 돈을 많이 빌려 준 공로와 능력을 인정받은 스위스 은행가 자크 네케르Jacques Necker, 1732~1804는 개신교도이기 때문에 재무총감이 아니라 재무총재가 되었다. 그는 1776년 10월부터 1781년 5월까지 자신의 돈을 왕실에 빌려 주기도 했으며, 부자들에게 국가 살림에 필요한 돈을 높은 이율에 꾸기도 했다. 이렇게 빌린 돈이 5억 3,000만 리브르였다. 그는 미국 독립 전쟁에 참전한 프랑스가 따로 세금을 걷지 않으면서 전쟁 비용을 마련했다고 칭송받았지만 결과적으로 그것은 나라 재정을 악화시키기도 했다. 그는 1781년 1월 왕에게 재정보고서를 올렸다. 평소에 궁부의 경비를 절약하고, 연금을 조정하여 재정의 취약한 면을 바로잡으려고 노력하던 그는 수많은 적을 만들었다. 특히 왕의 동생 아르투아 백작Le comte d'Artois, 1757~1836, 외무대신 베르젠Vergennes, 1719~1787은 틈만 나면 네케르를 쫓아내려고 노력했고 1781년 마침내 성공한다.

그럼에도 이 그림은 네케르를 칭송하는 내용이다. 옥좌에 앉은 루이 16세가 보는 허공에는, 부르봉 가문의 첫 왕인 앙리 4세Henri IV, 1553~1610가 구름 위에서 후손을 굽어본다. 앙리 4세의 바로 아래에는 개신교도로서 프랑스 왕국의 재정을 튼튼하게 만든 쉴리Sully, 1560~1641 공이 있다. 성군 앙리 4세와 쉴리 공의 관계가 루이 16세와 네케르의 관계로 재현된다는 뜻이다. 네케르는 1788년 다시 대신이 되어 재정문제를 하결하려고 애쓰다 1789년 7월 11일 해임된다.

반혁명 세력이 네케르를 해임시키다

왕과 측근들은 대표적인 반혁명 세력이었습니다. 왕은 그동안 국회의 구성을 마지못해 인정하면서도 어떻게든 잃어버린 권위를 되찾으려 애썼어요. 그에게는 그런 수단이 있었습니다. 그는 군대에 희망을 걸었어요. 그래서 군대를 베르사유와 파리 근처로 불러 모았답니다. 말썽꾸러기 파리를 고립시켜 항복시키려는 속셈이었죠. 생활필수품이 파리로 들어가지 못하게 막는다면 파리 사람들이 왕에게 항복할 것이라고 생각했던 것입니다. 그러면 베르사유에서 왕의 말을 듣지 않는 국회의원들도 지원을 받지 못한 채 고분고분해지고요.

루이 16세는 우선 자기 말을 듣지 않는 총리대신 네케르부터 해임합니다. 네케르는 재무대신으로 일하다가 쫓겨났지만, 다시 더 높은 총리대신으로 임명된 사람이죠. 스위스 사람인 그는 은행가와 사업가로 많은 돈을 벌어 루이 16세와 왕비에게 꾸어 주었고, 곡식의 가격을 안정시키는 정책으로 서민에게 인기를 끌었습니다. 더욱이 그는 귀족층에게 세금을 매기려 했으며 전국 신분회를 소집할 때 제3신분의 편에 서서 그들의 대표 수를 두 배로 늘리는 데 크게 힘썼습니다. 그 뒤에도 국민 편에 섰기 때문에 인기를 끌었지만 왕에게는 미움을 삽니다.

6월 23일에도 네케르는 왕에게 간청했어요.

"전하, 세 신분이 함께 회의하도록 명령하세요."

때문에 그날 회의에서 왕의 곁에 있어야 할 그의 모습을 볼 수 없었죠. 회의장에 들어가지 못한 사람들은 왕이 행차할 때 그의 모습이 보이지 않아 불안했고, 그가 해임당했다고 생각하고 술렁거렸습니다. 그들은 네케르를 찾아다녔고 마침내 그가 안전하다는 사실을 확인하고서야 안심했어요. 그날 왕이 군대를 회의장에 배치해 놓고서도 제3신분 의원들을 강제로 쫓아내지 못했던 이유를 짐작할 수 있으실 겁니다. 공연히 사람들을 자극할까 두려웠겠지요.

루이 16세는 참고 또 참다가 결국 7월 11일 편지 한 장으로 네케르를 해임했답니다. 재무총재였을 뿐만 아니라 총리대신 노릇을 하던 사람을 얼굴도 보지 않고 편지 한 장을 써서 해임한 것입니다.

"당신은 24시간 안으로 프랑스를 떠나시오. 그리고
이 사실을 아무에게도 알리지 마시오."

네케르는 함께 저녁을 먹던 자기 딸과 친구들에게도 잠깐
바람이나 쐬고 오겠다고 둘러대고 아내와 함께 길을 떠납니
다. 그는 북쪽으로 밤새 마차를 달려 7월 12일 아침 벨기에로
넘어가기 직전 딸에게 편지를 보내 자기 뒤를 따라오라고 했어
요. 이때 파리에는 루이 16세가 네케르를 해임했다는 소식이
퍼지기 시작했습니다.

베르사유 궁전과 파리는 거의 20킬로미터 떨어져 있습니다.
쉬지 않고 부지런히 걸어도 5시간쯤 걸리는 거리입니다. 말을
달리면 한두 시간 안에 갈 수 있었고요. 파리에서 가장 먼 남
쪽 항구도시 마르세유까지 660킬로미터를 말을 바꿔 타고 달
리면 사흘 밤낮이 걸리던 시대였습니다. 당시에는 소문도 그런
속도로 퍼졌답니다. 베르사유 궁전에서 왕이 측근과 속삭인
얘기도 누군가 엿들어 밤새 파리로 퍼져 나갔어요.

파리 사람들은 혁명에 큰 역할을 했습니다. 전국 신분회가
모이기 일주일 전에는 레베이용Reveillion 벽지공장 노동자들이
폭동을 일으켰어요. 두 달 반 뒤에 바스티유Bastille 요새에서
활약할 투사 가운데는 그 근처에 살던 사람이 많았습니다. 6

월 말, 파리 사람들은 장교의 말을 듣지 않아 감옥에 갇힌 수비대 병사를 구출해 주면서 왕의 권위를 무시합니다. 파리 시민들에게 수비대 병사들은 가족과 같은 존재였기 때문이랍니다. 또 파리 민중은 7월 11일 밤 입시세관과 울타리에 불을 지르면서 부당한 세금에 항의했죠.

입시세자市稅는 외부에서 파리 시내로 들어가는 물건에 매기는 세금입니다. 이 세금 때문에 물가가 비싸다고 불만이 많았어요. 그래서 가난한 사람들은 불편하지만 세관 울타리 밖으로 나가서 좀 더 싸게 술을 마시기도 했죠.

아무튼 파리는 조용할 날이 없었어요. 평소 파리 사람들이 자주 모이는 곳은 튀일르리Tuileries 궁전 앞 정원, 팔레 루아얄Palais Royal의 정원, 파리 시청 앞 광장 같은 곳이었습니다. 강둑길에도 사람이 붐볐고 온갖 상점과 먹을거리가 많았으니까요.

튀일르리는 '기와를 굽는 가마'라는 뜻입니다. 중세에는 그곳에서 기와를 만들어 구웠는데, 그 땅을 사들여 궁전을 지었기 때문에 '기와 가마 궁전'이라는 재미있는 이름이 생겼지요. 오늘날에는 궁전이 없고, 그 앞의 정원만 남아 있습니다.

팔레 루아얄은 '왕의 궁전'이라는 뜻인데, 1789년에는 루이 16세의 친척인 오를레앙Orleans 공작 필리프Phillipe, 1747~1793가 사실상의 주인이었답니다. 그는 왕의 자리를 넘볼 만큼 야심이 컸고, 평소에 파리 사람들에게 인기도 끌었습니다. 이 궁전의 정원에는 큰 나무가 많아서 시원한 그늘 밑에 사람들이 모여 정치·경제·사회·전쟁 이야기를 했어요. 혁명이 일어나기 전, 넓은 정원의 일부를 팔면서 큰 나무를 모두 베어 버렸지만, 건물의 일부를 상점과 카페에 세를 주기도 했고 게다가 극장도 있어서 그곳은 언제나 사람들이 많이 모이는 명소였어요.

시청 앞 광장은 그레브Grève 광장이라 불렸습니다. 할 일 없는 노동자들이 모여서 잡담을 나누던 곳이었죠. 서로 낯익은 얼굴들이 많았어요. 그들은 알은체하면서 그날 일을 얻지 못했느냐는 뜻으로 '오늘도 파업 하셔?'라고 묻거나, '나 오늘 파업했어'라고 말했답니다. 그러면서 광장에 '파업 광장'이라는 익살스러운 이름이 붙었죠. 이 광장은 곧 혁명의 중심지로 떠오릅니다.

분노가 저항으로 변하다

7월 12일 일요일, 네케르가 해임되었다는 소문은 아침 9시쯤 파리에 퍼지기 시작했습니다. 여느 일요일처럼 파리 사람들은 시내로 나갔다가 거기서 네케르의 해임 소식을 들었죠. 부자들은 앞으로 자신들이 이자를 받지 못하게 될까 봐 불안해졌고, 가난한 사람들은 빵 값이 더 치솟을까 불안했답니다. 아직 그 소식을 듣지 못한 사람들도 파리의 분위기가 심상치 않다고 느낄 수 있었습니다. 군인들이 부산하게 움직이기 시작했으니까요. 사람들은 기병·보병·포병이 지나가는 것을 보았어요.

길모퉁이마다 큰 벽보가 나붙었습니다.

"왕의 명령으로,

모든 사람은 집에 있으라.

아무도 밖에 나와서 모이지 말라.

군부대를 여기저기 배치하는 이유는

도적 떼를 예방하는 조치이므로

시민은 놀라지 말 것.”

 이런 분위기에서 팔레 루아얄에 모인 사람들은 노름집, 극
장, 무도장을 닫기로 결의하였습니다. 그리고 사방에 이 말을
전하는 한편, 몇 사람을 퀴르티우스Curtius의 가게로 보냈어요.
그는 밀납으로 위대한 인물이나 악당의 흉상을 제작하는 사
람으로 팔레 루아얄에서 가게를 운영하고 있었죠. 사람들은
거기서 네케르와 오를레앙 공의 밀랍 흉상을 가져왔어요.

 그 사이 웅변가 몇 명이 탁자에 올라서서 연설을 했습니
다. 가장 훌륭한 연설을 한 사람은 변호사였던 카미유 데물랭
Camille Desmoulins, 1760~1794이었어요. 그는 나중에 아버지에게 이
렇게 편지를 씁니다.

 “오후 세 시쯤 팔레 루아얄에 갔습니다. 여러 사람 사이에
섞여 우리에게 용기가 없음을 한탄하는데, 그때 젊은이 셋이
제 곁을 지나가면서 ‘무기를 들자’고 외쳤습니다. 저도 그들과
합세했습니다. 제가 열심히 외치는 소리를 듣고 사람들이 저를
둘러싸고는 억지로 탁자 위에 세웠습니다.”

 당시 스물아홉 살이었던 데물랭은 양쪽 주머니에서 권총을

한 자루씩 뽑아 들고 연설했다고 합니다. 주위가 너무 시끄러워서 자기 이야기를 들어 달라고 공중에 대고 총을 쏘았던 거지요.

"저들이 우리를 곧 파멸시키려 합니다. 샹젤리제^{Champs-Élysées}에서 일어나는 일을 보십시오. 군대가 샤이오^{Chaillot} 원형 광장에서 튀일르리 궁까지 모든 공간을 차지하고 전투 대형을 갖추었습니다. 우리는 지금까지 충분히 논의하였습니다. 이제 우리 서로 팔짱을 끼고 결심합시다. 우리는 가장 수가 많고, 가장 강한 집단이 될 것입니다. 우리 모두 무기를 듭시다. 모든 시민이 무장합시다. 그리고 나갑시다."

데물랭은 나뭇가지를 꺾어 모자에 꽂았고, 시위대도 그를 본받아 모두 한마음임을 보여 주었습니다. 초록색은 네케르의 집안을 상징하는 색깔인 동시에 희망의 색깔이었어요. 당시에는 빵 값이 치솟아 돈을 주고도 마음대로 구할 수 없었기 때문에 사람들이 몹시 화가 났습니다. 그나마 국회에 희망을 걸었는데, 왕이 군대를 동원해서 국회와 그 편을 드는 자신들을 탄압하려 했기 때문에 불안했지요. 게다가 자신들이 좋아하는 네케르마저 해임되었다고 하니, 더 이상 가만히 있으면 안 되겠다고 생각했던 것입니다.

시위대는 퀴르티우스의 가게에서 가져온 네케르와 오를레앙 공의 흉상에 검은 상장喪章을 씌워서 들고 다녔습니다. 검은 상장은 자유가 죽었다는 상징이었죠. 시위대에 가담한 사람들은 몽둥이·칼·권총·도끼를 들었어요. 그들은 이 거리 저 거리를 몰려다니다가 마침내 방돔Vendôme 광장에 도착합니다.

방돔 광장에는 입시세를 받는 사람들의 저택이 늘어서 있었는데, 그곳에서 시위대는 용기병의 공격을 받습니다. 용기병은 용이 그려진 깃발을 휘날리는 기병대로, 말을 탄 채로 무기를 들고 위압적으로 말을 몰았습니다. 이들이 시위대를 공격할 때 네케르의 흉상이 깨졌습니다. 심지어 시위대에 가담한 프랑스 수비대 병사가 무장도 하지 않은 채 살해되었고, 민간인도 여럿 다쳤어요. 파리 곳곳에서 시위대와 군대가 충돌했습니다. 시위대는 군인들에게 돌을 던지고 군인들은 시위대를 향해 총을 쏘았죠.

파리 시민들이 더욱 드세게 저항하자, 파리에 주둔한 병력의 총사령관인 베스발 남작은 병력을 루이 15세 광장에 모았습니다. 팔각형의 광장에 루이 15세의 기마상을 세워 두었기 때문에 그렇게 불렀답니다. 저녁 무렵 시위대가 튀일르리 정원을 채우기 시작했어요. 그들은 바로 곁에 있는 광장으로 나가 루이 15세 기마상의 난간을 부수려고 했습니다. 당황한 베스발 남작은 랑베스크 공에게 독일인 용기병을 이끌고 시위대를 해산시키라고 명령합니다. 앙투아네트 왕비의 친척인 랑베스크 공은 정원으로 쳐들어왔어요. 시위대는 의자를 쌓아 놓고 돌과 병을 던지면서 맞섰고, 용기병은 공포를 쐈습니다. 시위대는 겁을 먹고 마구 흩어졌지요. 랑베스크 공은 말을 달려 시위대를 튀일르리 정원으로 물러나게 만들었습니다.

그러나 한 곳에서 밀렸다고 시위대가 완전히 포기한 것은 아니었습니다. 시위의 불길은 더욱 거세졌어요.

"무기를 들라!"

사람들은 무기를 찾아 거리를 이리저리 뛰어다녔어요. 교회마다 경종이 울리고, 사람들이 더욱 흥분했습니다. 그들은 무기 상점으로 들어가 닥치는 대로 무기를 탈취하고, 시청 문을 부수고 들어갔습니다. 시청 창고에 무기가 있다고 믿었기 때문이죠.

파리 시민들은 밀가루도 찾아다녔습니다. 그들은 수도원이나 창고에 밀가루가 있으면 중앙시장으로 가져가 제빵업자가 빵을 굽게 했어요. 또한 횃불을 들고 귀족의 저택을 찾아다니면서 무기를 내놓지 않으면 불을 지르겠다고 위협했고, 일부는 왕실 가구 창고에서 무기를 가져갔습니다. 모든 가게가 문을 닫은 가운데 무기와 밀가루를 찾는 사람들이 뛰어다녔어요. 밤 9시경에는 생토노레Saint-Honoré 거리의 총포상을 털어 무기를 가져가기도 했고요. 그리고 파리 중심부와 외곽에 참호를 파고 술통과 길에 깔았던 돌포석로 방책을 쌓았습니다. 그렇게 해야 왕이 동원한 외국인 부대가 공격해 올 때 버틸 수 있었기 때문입니다.

평소 쇠를 녹이고 불에 달궈 농기구나 생활 도구를 만들던 대장간에서는 부지런히 창을 만들었습니다. 그러나 시위대가 군대에 맞서려면 창과 칼만 가지고는 어림없었죠. 총과 대포가 절실히 필요했습니다. 사람들은 시청으로 가서 시장 플레셀Flesselle, 1730~1789에게 무기를 달라고 간청했지만, 플레셀은 시위대를 따돌릴 심산에 아무 곳이나 떠오르는 대로 말했습니다. 사람들은 거기까지 갔다가 되돌아가 시장에게 다시 졸랐어요. 이렇게 파리 시민들을 우롱한 플레셀은 나중에 큰 대가를 치릅니다.

파리 시민들을 든든하게 지원해 줄 세력은 엉뚱한 곳에서 왔어요. 7월 12일, 그날 오후 프랑스 수비대는 파리에서 북쪽 바깥에 있는 생드니Saint-Denis로 이동하라는 명령을 받았습니다. 수비대 병사들이 대부분 오전부터 시민들과 형제애를 나누었기 때문에, 시위대를 진압하는 데 오히려 방해가 되기 때문이었죠. 그런데 수비대는 명령을 따르지 않았습니다. 장교 몇 명도 병사들과 합세해서 파리 시청에 있던 선거인단의 뜻에 따르기로 합니다. 선거인단은 전국 신분회 의원을 뽑은 뒤에도 해산하지 않고 파리 시청에 모여 자신들이 베르사유에 보낸 대표들을 응원하고 있었답니다. 이렇게 해서 파리 시민들은 보병 3,000명 그리고 약간의 포병과 대포를 얻었어요.

더욱이 샹드마르스Champ de Mars나 생드니에 주둔한 병사들이 무기를 가지고 이탈하여 파리 시민들 편으로 들어갔습니다. 또, 프랑스 수비대는 파리 시민들에게 가는 동안 생니콜라Saint Nicolas 나루에서 화약을 잔뜩 실은 배를 보고, 그것을 빼앗아 시청으로 가져갔어요. 파리 시장 플레셀은 화약을 시청에 보관하라고 하였기 때문에, 민병대에게 나눠 줄 수 있는 무기와 탄약이 어디 있는지 분명히 알고 있었지요. 그런데도 그는 시위대에게 화약을 내주지 않고 시위대를 이리저리 돌아다니게 만들었습니다. 그는 왕이 임명한 시장이었고 귀족이었기 때문에 혁명을 싫어했습니다.

시민들이여 무기를 들라

 팔레 루아얄에 모인 사람들은 밤새 그곳에 있었어요. 정원과 카페에는 사람들이 계속 들어찼고, 그들에게 누군가 숙청 대상자 명단을 돌렸습니다. 그 명단을 날이 밝는 대로 파리 전체에 뿌릴 예정이었어요.

 "누구든지 아르투아 백작, 콩데 공, 브로이 원수, 베스발 남작, 파리의 새 지사 베르티에 드 소비니, 브르퇴이 남작, 풀롱, 랑베스크 공의 머리를 카보 카페로 가져오는 사람에게 현상금을 주겠음."

 아르투아 백작은 루이 16세의 둘째 동생입니다. 브로이 원수는 노련한 장군이었고, 베스발 남작은 파리에 주둔한 외국인 부대의 총사령관이었어요. 파리의 지사가 된 베르티에 드 소비니는 제3신분을 굶겨 죽이려 한다는 엉뚱한 소문에 시달린 사람입니다. 브르퇴이 남작은 총리대신이었고, 풀롱은 7월 12일 네케르의 뒤를 이어 재무총감이 되었어요. 그는 베르티에 드 소비니의 장인이었죠. 그리고 랑베스크 공은 튀일르리 정원으로 군대를 이끌고 들어가 시위대를 해산시킨 귀족이며 왕비의 친척이었습니다.

여기서 용어를 하나 설명하고 지나가겠습니다. 네케르는 재무총재였고, 그 후임인 풀롱은 재무총감이라는 것이 뭔가 이상하지 않으셨나요? 원래 재무총감은 귀족이 맡는 직책이었습니다. 그런데 네케르는 외국인이며 개신교도였고 평민이었기 때문에, 같은 일을 하면서도 재무총재로 불렸던 것입니다. 하는 일이나 권한이 같아도 신분사회에서는 이렇게 사람을 차별했어요.

팔레 루아얄에 모인 사람들은 조직적인 외국인 부대와 맞서려면 총, 대포, 화약이 필요하다고 생각하고, 무기와 탄약을 구할 곳을 계속 궁리합니다. 그들은 먼저 군원호원앵발리드을 생각했어요. 군원호원은 루이 14세가 나라를 위해 싸우다 다친 사람이나 더 이상 싸우기 힘든 늙은 병사를 위해 세운 병원입니다. 그 다음으로는 바스티유 요새를 떠올렸죠. 그들은 또 파리 북쪽의 고네스 마을에 대포 40문, 부르제에 대포 60문이 있다는 소식도 들었습니다.

14일 화요일, 팔레 루아얄에서 아침을 맞이한 사람들은 소리칩니다.

"군원호원으로!"

사람들은 먼저 시청 광장으로 가서 대열을 정비하고, 파리시 검찰관 에티 드 코르니를 따라 시청에서 강 건너편 서쪽에 있는 군원호원을 향해 행진했어요. 프랑스 수비대 병사들도 그들과 함께 갔죠. 사람들은 비교적 질서를 잘 지켰고 가는 도중에 더욱 불어났습니다.

그들이 가는 길은 위험했습니다. 군원호원 가까이에는 스위스인 부대가 3개나 있었고, 군원호원에도 포병연대가 대포와 탄약을 가지고 지키고 있었습니다. 시위대는 군원호원 참호 뒤에 군인들이 무기를 가지고 경계하는 모습을 보았어요. 그러나 그들은 두려워하지 않고 계속 행진했어요. 무장하고 대기하던 군인들은 건물로 들어가고 평소처럼 경계병들만 남았습니다. 아마 같은 프랑스인끼리 총부리를 겨누기 싫었을 테죠. 혁명기에는 이처럼 서로 '우애'를 느끼고 아껴 주는 모습을 자주 볼 수 있었습니다. 시위대는 아무런 저항을 받지 않고 소총 3만 2,000정과 대포 20문을 빼앗았어요. 그러나 탄약은 언지 못했습니다. 그들은 시청으로 모였다가 자연스럽게 근처의 바스티유 요새로 발길을 옮깁니다.

바스티유를 정복하라

혹시 '바스티유 정복'이라는 말이 생소하시다면, '바스티유 함락'이라는 말은 들어 보셨나요? 함락이나 정복이나 결국 같은 말이라고 생각할 수도 있지만, 굳이 '정복'이라고 한 이유는 바스티유를 공격하여 승리한 사람들을 '바스티유의 정복자들'이라고 부르기 때문입니다. '함락'은 바스티유가 주체이지만 '정복'은 사람이 주체입니다. '바스티유 감옥을 습격했다'고 알고 계신 분들도 뜻밖에 많은데, 어떤 이야기가 정확한 것인지 이제부터 알아보겠습니다.

7월 14일은 1년 중 가장 더운 날입니다. 파리 시민들은 더위와 함께 불안감, 분노, 좌절 따위가 뒤섞인 응어리를 삭이지 못한 채 잠을 설쳤어요. 밤새 사람들이 떼 지어 다녀서, 발자국 소리와 사람들이 속삭이거나 떠드는 소리 때문에 잠들지 못한 사람들도 많았습니다.

생탕투안^{St-Antoine} 문밖에 사는 사람들은 바스티유 요새의 위압적인 모습을 보면서 살았습니다. 바스티유는 수백 년 전 파리의 동쪽에서 오는 적을 막으려고 세운 요새였죠. 왕국이 점차 통일되면서 그 기능을 많이 잃었지만, 거기에는 여전히 군사령관이 부대와 주둔하였고 더욱이 왕립감옥이 있었습니다. 크기는 가로 세로가 각각 60미터에 30미터이며, 감옥으로 쓰는 건물 높이는 25미터 정도였어요. 동쪽 끝으로 화살촉 모양을 한 요새의 둘레에는 너비 25미터 깊이 8미터의 해자를 둘렀고요. 성벽 바깥을 따라서 물구덩이를 파 놓아 바깥에서의 공격에 대비를 했던 것입니다. 해자 위에 놓인 도개교라는 다리는 성 안 쪽으로 들어 올려 입구를 막는 문으로 쓰였습니다.

바스티유 요새 사령관 로네de Launay 후작은 7월이 되면서 파리 민심이 더욱 흉흉해지는 것을 보고 병사들에게 경비를 강화하라고 명령합니다. 그는 약 4킬로그램짜리 탄환을 날릴 수 있는 무거운 대포 15문, 이리저리 쉽게 끌고 다닐 수 있는 똑같은 구경의 대포 3문, 그리고 머스킷 총 12자루를 함께 배치해 놓았답니다. 사실상 그날까지 바스티유의 대포는 거의 쓸 일이 없었고, 기껏해야 화약을 채워서 축포를 쏘는 일만 했어요. 왕세자가 결혼하는 날, 왕실에 아기가 태어난 날, 왕이 병석에서 건강을 회복한 날, 축포를 쏘고 가난한 사람들에게는 돈을 한두 푼씩 나눠 줬어요. 그러나 분위기가 험악해질 대로 험악해진 1789년 7월 14일, 바스티유에서 대포를 배치한 것만으로도 시민들은 큰 위협을 느꼈습니다. 또 병사들은 성벽에 포석과 쇳덩어리를 쌓아 놓아, 탄약이 떨어지면 던지거나 입구에 장애물을 설치할 준비를 갖추었습니다.

파리 선거인단은 13일 바스티유 요새 바로 옆에 있던 병기창 아르스날에 대표를 보내 탄약을 넘기라고 했습니다. 그러나 탄약은 이미 바스티유 요새에 있었죠. 생탕투안 문밖 주민들은 지난 이틀 사이에 근처 병기창에서 보관하던 화약 250통약 1.5톤을 요새로 옮겼다는 사실을 알았어요. 그들은 자기 구역을 향해 배치된 대포를 보면서 불안했기 때문에, 14일 오전 8시쯤 파리 시청에 하소연합니다. 시당국은 대표단을 바스티유 사령관 로네 후작에게 보내 지역 주민들의 바람을 전했어요.

사령관은 파리 대표들을 친절하게 맞이했습니다. 대표단은 사령관에게 화약을 달라고 요청하고, 파리를 위협하는 대포를 뒤로 빼달라고 합니다. 로네 사령관은 흔쾌히 그 청을 들어주었어요. 밖에 모인 군중은 바스티유 성벽 위에 설치한 대포가 뒤로 물러나는 모습을 보았죠. 그런데 아주 큰 오해가 생겼습니다. 군중은 요새 수비대가 자신들에게 공격을 퍼부을 준비를 갖추려고 대포를 장전한다고 잘못 판단합니다. 대표단이 빨리 나와서 사령관의 호의를 설명했다면 좋았을 텐데 그러지 못했어요.

밖에 모인 사람들은 두려워서 근처에 있는 생루이 교회로 뛰어들었습니다. 그곳에는 그 구역의 지도자들이 회의를 하고 있었죠. 변호사 튀리오 드 라 로지에르가 그 선거구의 위원인데, 그날의 활약으로 유명해진 사람입니다. 튀리오는 몇 사람의 호위를 받으면서 사령관을 만나자고 했고, 로네 사령관은 파리 대표단과 이야기를 하다가 튀리오를 만났습니다. 사령관은 튀리오에게 오해하지 말라고 말하면서 바스티유의 탑 위로 그를 데리고 올라가 적대행위가 일어나지 않을 것임을 확신시켜 주었어요. 그런데 사령관은 탑 위에서 바깥을 보면서 튀리오가 협상을 가장한 채 요새를 공격할 시간을 벌려고 오지 않았을까 의심합니다.

튀리오 일행은 만족해서 바스티유 안마당에 내려오다가 스위스인 병사들과 퇴역군인들을 만났습니다. 튀리오는 그들에게 파리 시민들을 해치지 않겠다고 약속해 달라고 요구했고, 사령관 로네는 순순히 병사들에게 맹세를 시킵니다.

"우리는 공격을 받지 않는 한 무기를 사용하지 않겠습니다."

튀리오는 사령관에게도 항복하라고 권유했어요. 하지만 이미 튀리오에 대한 의심이 들기 시작한 사령관은 이렇게 말합니다.

"나는 병사들에게 '만일 공격을 당하면 발포하라'고 명령하겠소."

'공격당하지 않는 한 무기를 사용하지 않겠다'는 말과 '공격받으면 발포하라고 명령하겠다'는 말은 다릅니다. 공격을 받을 때 무기를 사용하는 것은 꼭 발포하지 않고서도 가능하지만, 공격을 받으면 총을 쏘게 하겠다는 말은 한 단계 더 높은 경고를 포함합니다.

바스티유에서 나온 튀리오는 시위대에게 안에서 보고 들은 대로 말했지만, 그들은 믿지 않았습니다. 어떤 사람은 튀리오의 머리에 도끼를 겨누고 시청까지 데려가 튀리오가 보고하는 소리를 곁에서 들었어요. 파리 선거인단은 곧 튀리오를 바스티유에 다시 보내서 파리 당국의 공식의지를 알리도록 합니다. 이렇게 협상을 하는 사이 군원호원에서 무기를 빼앗은 사람들도 바스티유로 모여들었어요. 시청의 상임위원회는 대표단의 보고와 튀리오의 말을 종합해서 듣고, 되도록 피를 보지 않으려는 목적에서 또다시 대표단을 바스티유로 보냈습니다.

두 번째 대표단은 11시쯤 바스티유로 갔어요. 이들의 목적은 로네 사령관을 만나는 한편, 생탕투안 문밖 주민들에게 로네 사령관의 우호적인 말을 전해 주려는 데 있었죠. 그 사이 바스티유 요새 근처에는 사람들이 더 많이 몰려들었습니다.

정오가 지날 때까지 바스티유 사령관과 파리 시청 사이에 오간 협상 내용, 또 튀리오가 사령관을 만난 내용을 전혀 모르는 사람들도 바스티유 근처로 모였습니다. 그들 가운데 누구 한 사람이라도 이성을 잃고 선동하면 곧 불길이 솟아오를 분위기가 무르익고 있었죠. 생탕투안 거리로 바스티유에 접근하는 사람들이 큰 소리로 외쳤어요.

"우리는 바스티유를 원한다! 군인들을 끌어내려라!"

이제 총소리가 나는 것은 시간문제였습니다. 로네 사령관은 해자 위에 놓은 다리를 들어 올려서 시위대를 막았어요. 하지만 용감한 사람 둘이 사다리를 타고 수비대 전진초소의 지붕 위로 올라갔어요. 그들은 다리를 들어 올리는 사슬을 도끼로 끊었습니다. 다리가 내려오자 군중이 안쪽 마당으로 들어갔지요. 그러나 요새의 중심부로 가려면 아직도 장애물을 몇 번 거쳐야 했습니다.

어디서 또 누가 먼저 총을 쐈는지 모르지만, 아무튼 바스티유를 지키는 병사들이 총을 쏩니다. 그들은 바스티유가 공격을 받으면 총을 쏘라는 지시를 받았기 때문에 명령대로 행동했던 것이죠. 이렇게 해서 쌍방의 전투가 시작되었어요.

첫 번째 전투에서 시위대의 두 사람이 쓰러졌습니다. 사람들은 그들의 주검을 시청으로 옮겼어요. 희생자가 나오기 시작하자 이제부터라도 효과적인 방법을 찾아 바스티유를 공격해야 했습니다. 아무리 시위대가 압도적인 다수라 할지라도 바스티유 요새의 높고 두꺼운 벽을 총·칼·도끼로 공격할 수는 없었죠.

파리 시청은 세 번째 대표단을 바스티유로 파견했습니다. 그들은 오후 3시쯤 바스티유 앞에 도착했습니다. 바스티유 앞이 혼란스럽기 때문에 대표단은 북치기와 흰색 깃발을 든 기수를 앞세우고 병기창으로 갔어요. 병기창 문은 이미 바스티유를 공격하던 사람들이 부숴 놓아 그들은 병기창 마당을 통해 접근합니다. 같은 시간 생탕투안 거리에서 계속 총격전이 벌어져 위험한 상황이라 돌아서 들어간 것이죠.

대표단은 총격을 중단하라고 여러 번 신호를 보냈지만, 쌍방이 다 제대로 알아듣지 못했어요. 그때 로네 사령관은 성벽 위에 흰 깃발을 세우고 공중에 위협사격을 하라고 병사들에게 명령합니다. 대표단은 로네 사령관이 신호를 알아들었다고 생각했지만, 곧 눈앞에서 시위대 세 명이 쓰러지는 것을 보았어요. 대표단은 아무런 성과도 얻지 못한 채 시청으로 돌아가야 했죠. 또 한편 성벽 위에서 대표단이 돌아가는 모습을 본 로네 사령관은 이렇게 말했습니다.

"그들은 우리를 기습 공격할 심산으로 왔던 것이구나."

시간이 흐를수록 시위대만 희생되면서 시위대는 더욱 분한 마음을 품었습니다. 그들은 짚단을 수레에 실어다 마당에 쌓아 놓고 불을 붙였어요. 그런데 불길이 치솟고 검은 연기가 피어오르자 수비병사들이 더욱 거세게 총을 쏘았고, 공격자들은 불길 때문에 요새를 볼 수 없어서 오히려 불리해졌습니다. 또한 불길이 가장 무더운 여름날의 오후를 더욱 뜨겁게 달구어 시위대는 불붙은 수레를 뒤로 빼냈습니다.

그때 시위대 편이 된 프랑스 수비대 병사들이 시청에서 대포 2문을 끌고 나타나 바스티유를 겨눕니다. 바스티유를 지키던 사람들이 겁먹기 시작했고, 당황한 로네 사령관도 미친 듯이 명령을 내렸어요.

"어서 탄약고로 가서 탄약을 가져오라. 벽을 허물어 공격자들을 묻어 버리자."

부사관 두 명이 사령관을 겨우 말렸다고 합니다. 이러한 증언을 보면, 요새의 수비자들은 그날 시위대를 향해 총을 쏘면서도 이미 정신적으로 지고 있었음을 알 수 있습니다.

로네 사령관은 부하들과 상의했어요. 부하들은 파리 시민들을 모두 죽일 만큼 탄약도 없고, 대포의 구경에 맞는 포탄도 절대 부족하며, 더 오래 버티려 애를 써도 식량이 곧 바닥날 것이라고 말했죠. 결국 성벽에 흰 깃발을 꽂고 북을 쳐서 항복하는 길이 최선이라고 말입니다. 로네 사령관은 손수건을 꺼내 부사관에게 주었습니다. 부사관 두 명은 탑 꼭대기에 올라서서 북을 치고 손수건을 흔들었어요.

그러나 싸움은 계속되었습니다. 공격자들은 그 신호가 무슨 뜻인지 몰랐거나 아예 보지도 못하였는지, 반 시간 이상 계속 총을 쏴 댔어요. 바스티유에서는 더 이상 총을 쏘지 않았지만 공격자들은 어떻게든 요새 안으로 들어가려 했습니다. 바스티유에서의 집중포화가 멎자 공격자들은 소리치면서 몰려들었어요.

로네 사령관은 플뢰 중위에게 쪽지를 써 주면서 협상을 명령합니다. 중위는 도개교 사이로 공격자들에게 말했어요.

"양쪽이 적대 행위를 완전히 끝냅시다. 그러면 바스티유 사령관과 부하들이 밖으로 나가겠습니다. 그때 그들을 털끝 하나 건드리지 않겠다고 약속해 주시오."

이제 와서 항복하면서 조건을 먼저 내거는 데 대해, 시위군중은 더욱 화가 났습니다. 플뢰 중위의 제안은 성난 군중의 아우성에 파묻혔어요. 잠시 후 플뢰 중위는 도개교의 틈새로 사령관의 쪽지를 내밀었고, 공격자들은 쪽지를 받으려고 판자를 구해서 임시 다리를 놓고 쪽지를 읽었습니다.

"만일 우리의 항복을 받아 주지 않는다면, 우리가 보
관한 화약으로 요새와 이 구역을 날려 버리겠습니다.
1789년 7월 14일 오후 5시, 바스티유 사령관 로네."

시위대를 이끌던 엘리는 그 조건을 받아들이기로 합니다.
안에서 곧 도개교를 내리자 엘리와 윌랭이 앞장서서 안마당으
로 들어갔어요. 바스티유를 지키던 부사관들은 오른쪽 벽에
무기를 가지런히 기대 놓고 그 앞에 줄을 맞춰 서 있었고, 맞
은편에는 스위스인 부대 병사들이 정렬해 있었습니다. 시위대
는 손에 들고 있는 무기로 퇴역군인들을 마구 때려 여럿을 다
치게 했어요. 그러고 나서 시위대는 참모부 건물로 들어가 마
구 뒤졌습니다.

그들은 사령관 로네 후작을 찾아다녔어요. 시위대의 희생자
에 대해 책임을 져야 할 사람이었기 때문입니다. 그들은 사령
관을 쉽게 알아보았어요. 비록 그가 모자를 쓰지 않고 생루이
십자훈장을 달고 있진 않았지만, 옅은 회색 연미복을 입고 진
홍색 리본을 달고 있었기 때문이지요. 로네 후작은 잡히기 직
전 단도로 자결하려 했지만 실패했습니다.

시위대는 사령관을 시청으로 안전하게 호송해야 했어요. 바스티유에서 시청으로 가는 길에는 그를 잡아먹지 못해 안달인 사람들이 늘어서 있었기 때문에, 그들을 헤치고 갈 일이 막막했습니다. 로네 후작을 호송해 가는 길에 어떤 사람은 칼로 그의 오른쪽 어깨에 상처를 내고, 또 어떤 사람은 가발을 묶은 주머니를 잡아챘어요. 이처럼 시청으로 가는 길에 로네 후작은 수없이 공격을 받습니다. 온갖 욕설, 발길질, 주먹질, 몽둥이찜질, 여러 가지 방식으로 모욕을 당했습니다.

"차라리 나를 죽여 주시오."

모욕과 육체적 고통을 더 이상 견디지 못한 로네 후작은 자신을 죽여 달라고 사정했어요. 결국 데노라는 요리사가 그를 칼로 찔러 죽였죠. 군중은 로네 후작의 머리를 잘라 창끝에 꿰어 들고 시청으로 행진합니다. 로네 후작은 바스티유에서 스스로 목숨을 끊으려다가 저지당한 뒤 한 시간 동안이나 거리를 끌려다니며 학대받다 죽었습니다. 시위대는 로네 후작의 참모인 롬도 시청 광장까지 끌고 가서 죽이고 머리를 잘랐어요. 파리 시민들은 자신들에게 거짓말을 한 시장 플레셀도 살려두지 않았습니다. 그들은 죽인 사람들의 머리를 창끝에 꿰어 들고 돌아다니면서 승리의 기쁨을 마음껏 누립니다.

시위대 일부는 바스티유 감옥 문을 열었습니다. 그곳에 죄를 짓지 않은 양심수들이 많이 갇혀 있다고 믿었기 때문입니다. 그러나 막상 감옥 문을 열어 보니 사기꾼 4명, 미친 사람 2명, 바람둥이 1명이 갇혀 있을 뿐이었어요. 나중에 파리 시 정부는 이들을 처리하려고 찾았지만, 사기꾼 4명은 감옥에서 나오자마자 행방을 감췄어요. 당시 파리 시 정부는 겨우 2명만 정신병원에 집어넣었습니다. 자유를 찾은 사람은 오직 1명, 솔라주 백작이었어요. 끔찍한 죄를 지었지만, 귀족인 덕택에 살아남아 감옥 몇 곳을 옮겨 다니다 14년 만에 구출된 것이죠. 참으로 운이 좋은 사람입니다.

파리 시민들뿐만 아니라 전 국민은 1789년 7월 14일의 사건, 파리 시민의 승리를 아주 중요한 사건으로 생각합니다. 그래서 1790년부터 그날을 국경일로 기리기 시작했어요. 그것이 오늘날까지 이어져 프랑스의 가장 중요한 국경일이 되었습니다.

장면 7

바스티유, 바스티유

오늘날 파리 바스티유 오페라 위치에 있던 바스티유는 본래 영국과의 백년전쟁을 치르던 14세기 후반에 동쪽에서 오는 적을 막으려고 지은 요새였다. 바스티유 요새에는 8개의 탑이 있었고, 탑마다 특별한 이름이 있었다. 각 탑은 종교동란이 일어난 16세기에 일시적으로, 그리고 17세기부터 혁명이 일어날 때까지 왕립감옥 노릇을 했다. 처음에는 귀족이 많았지만 18세기 후반으로 갈수록 평민이 더 많이 갇혔다. 그러나 1780년대에는 바스티유를 헐고 왕립광장을 세우려는 계획이 나왔는데, 이것은 요새와 감옥을 운영하는 예산이 현실적인 쓸모보다 훨씬 큰 현실을 반영했다. 그러므로 1789년 7월 14일 파리 주민들이 바스티유를 지키는 군인들과 한바탕 전쟁을 치르기 전부터 바스티유는 사실상 죽어가고 있었다.

1789년 7월 15일 파리 시에 모인 선거인단은 바스티유를 해체하기로 결정하는 한편, 시민들에게 14일에 뿔뿔이 흩어진 중요한 기록물을 반환해 달라고 호소했다. 바스티유를 해체하는 공사를 따낸 사람은 피에르 프랑수아 팔루아Pierre-François Palloy, 1755~1835였다. 그는 7월 16일부터 시 정부에 편지를 써서 시 정부가 지명한 위원 가운데 궁부대신 브르퇴이의 첩자가 있다고 주장하면서 자신이 철거

작업을 이끌어야 한다고 주장했다. 팔루아는 약 600명 정도의 노동자를 모아서 총지휘자에게 하루 3리브르, 사무실 요원에게 2리브르, 작업반장에게 45수, 부반장에게 40수, 석수장이에게 36수, 막일꾼에게 26수씩 지급했다. 그렇게 해서 매주 7,000에서 1만 1,000리브르를 경비로 썼다. 그는 바스티유에서 나온 돌로 바스티유 모형을 조각해서 '자유의 사도apôtre de la liberté'라 이름 붙여 전국에 팔아 돈을 벌었다. 파리 시립 역사박물관인 카르나발레 박물관에 이 모형이 있다. 바스티유의 돌은 대부분 콩코르드 다리의 재료가 되었다.

프랑스 혁명의 수출

　자코뱅 클럽은 1789년 10월에 파리의 옛 자코뱅 수도원에 생긴 정치클럽으로 1790년 7월까지 모두 152개가 생겼다. 그때 파리의 자코뱅 클럽 회원은 1,200명에 달했다. 1791년 7월 17일을 고비로 온건한 사람들이 클럽을 떠나 옛 푀이양 수도원에 둥지를 틀고 푀이양Feuillants 파가 되었다. 그처럼 분열한 뒤에도 자코뱅 클럽은 전국에 1,000개가 넘었고, 심지어 외국에도 프랑스 혁명을 학습하려는 사람들이 지부를 세웠다.

　그림은 1792년 11월, '마인츠 선제후 궁Kurfürstliches Schloß zu Mainz'에 모인 자코뱅 클럽 회의 장면이다. 그들은 파리에서 일어나는 일을 학습하면서 프랑스 혁명을 본받으려고 노력했다. 그것이 유럽 열강의 지도자들이 프랑스 혁명이 급진화할수록 불안해진 까닭이다.

▬ 혁명기 정치생활

혁명이 일어난 뒤, 모든 사람이 정치에 관심을 가졌습니다. 그리고 정치적 권리를 제한받은 수동시민이나 여성이라도 정치현장에서 방청객으로 정치를 배울 수 있었죠. 1789년 1월 말 전국 신분회 대표를 뽑는 선거법이 나온 뒤부터 성인 남자들은 먼저 선거인들을 뽑은 뒤, 거기서 대표를 뽑았어요. 그리고 대표들에게 들려 보낼 진정서를 작성했죠. 전국 신분회 대표를 뽑으면 선거인단은 할 일이 없어지기 때문에 해산해야 합니다. 그런데 파리의 선거인단은 해산하지 않고 시청에 모였어요. 그들은 파리 코뮌을 조직해서 파리를 다스릴 법을 만들기 시작합니다.

선거구민들은 선거구 회의에 참여하여 파리 코뮌의 지시대로 움직이거나, 코뮌에 정책을 건의하기도 하였어요. 그리고 새로 조직하는 국민방위군에 참여하여 질서를 지키는 데 협력했습니다. 그들은 무장을 하고 다니면서 의심스러운 사람들을 잡아 가두었어요. 또 식량을 쌓아 놓고 풀지 않는 사람들의 창고를 뒤져 제빵업자가 빵을 만들 수 있도록 하고, 무기와 탄약을 찾아 시청으로 가져가기도 했죠.

더욱이 그들은 전국 신분회, 그 뒤 국민의회에서 자신들이 뽑은 대표들이 헌법을 만드는 과정을 현장에서 지켜볼 수 있습니다. 구체제에서 정치는 베르사유 궁이나 지방의 지사관청에서 몇 사람만 모여 하는 것이었지만, 그때부터 정치는 공개적인 과정이 되었습니다. 그래서 일반인들이 국민의회의 방청석을 채우고, 의원들이 잘 할 때는 박수를 제대로 일을 하지 않을 때는 야유를 보내면서 영향력을 행사했어요.

파리에는 구체제 시대부터 카페에 사람들이 모여 정치 이야기를 했어요. 오를레앙 공의 저택인 팔레 루아얄의 카페와 정원은 사람들이 모이는 명소였어요. 그 밖에도 파리에만 카페가 약 1,800개 정도 있었는데, 시내 중심의 유명한 카페는 여론을 파악할 수 있는 곳이었습니다. 이러한 장소에 덧붙여 정치모임이 새로 생기기 시작했는데, 자코뱅Jacobin 클럽, 코르들리에Cordeliers 클럽이 대표적인 모임이었어요. 특히 코르들리에 클럽에서는 다른 곳과 달리 여성도 회원으로 받아 주었습니다. 지방의 도시에도 정치 클럽이 생기면서, 파리 자코뱅 클럽과 연락을 주고받는 지방의 클럽만 해도 1790년에 벌써 1,000

개가 넘었습니다.

남성이건 여성이건 1789년부터 마구 쏟아져 나온 신문을 골라서 읽고 정치 소식을 들었어요. 혁명 전에도 이미 일간신문이 발행되었지만, 그때는 엄격한 규제를 받았습니다. 그러다가 혁명이 일어나자 첫해에 언론의 자유를 마음껏 누리듯 신문이 쏟아져 나왔어요. 외국신문도 자유롭게 유통되었고요. 초기에는 급진적인 신문보다는 온건한 신문이나 보수적인 신문이 많았지만, 시간이 흐를수록 급진적인 신문이 주류를 이룹니다. 사람들은 정치 클럽에 나가서 함께 국회 소식이나 파리 소식을 읽고, 세상 돌아가는 방향을 알아차렸습니다.

정치생활에서 투표권은 참으로 중요합니다. 이와 관련해서 먼저 짚고 넘어갈 일이 있죠. 우리나라에서 '프랑스 혁명은 부르주아 혁명이다'라는 말과 '프랑스 혁명은 시민 혁명이다'라는 말을 같은 뜻으로 아는 사람들이 있지만, 둘은 차이가 있습니다. 부르주아라고 하면 도시민 가운데 일정 수준 이상의 평민을 뜻했어요. 예를 들어, 뭔가를 만드는 장인계층에서 조합에 가입한 사람을 그가 부리는 직공과 구별해서 부르주아라 불렀는데, 이것은 사회적인 의미로 쓰인 말입니다. 시민은 정치적인 의미로 쓰인 말로 자신이 속한 공동체의 법을 만드는 데 참여할 수 있는 사람을 뜻합니다. 그러므로 두 말을 혼동하면 안 됩니다.

이렇게 시민이라는 말에 이미 능동적인 사람이라는 뜻이 있었지만, 혁명 초기부터 단지 돈을 벌지 못한다는 이유로 능동시민과 수동시민을 나누고, 능동시민에게만 투표권을 주었습니다. 인구 2,800만 명 가운데 능동시민은 겨우 430만 명이었어요. 1789년의 정치무대에 '자유'는 등장했지만 아직 '평등'은 등장하지 않았던 것이죠.

가난한 사람들, 스물다섯 살이 넘은 남자 가운데 3일 치 임금을 세금으로 낼 수 없는 사람들이 수동시민이었습니다. 이들의 정치활동은 제한되어 있었지만 종종 기회가 찾아왔어요. 가장 중요한 기회는 루이 16세가 도망쳤다가 잡혀 온 뒤에 있었죠. 국회가 루이 16세 문제를 어물거리면서 넘어가려 하자, 코르들리에파는 국민의 뜻을 따르라는 청원서를 국회에 내기로 하고 샹드마르스에 모입니다. 비록 이때는 계엄령 때문에 시위대가 탄압받았지만, 그들은 이듬해 1792년 6월 20일에는 튀일르리 궁에 들어가 왕을 굴복시키고, 그 뒤 8월 10일에는 왕을 폐위시키는 역할을 맡았어요. 또한, 9월 초에는 감옥으로 쳐들어가 거기 갇힌 사람들을 마구 죽이는 등 수동시민들은 점점 중요한 정치세력으로 등장합니다. 그리고 마침내 1793년 6월 말에 제정한 헌법에서는 그들에게도 투표권을 주었어요.

혁명기에는 여성도 아주 중요한 역할을 했습니다. 1789년 10월 5일, 파리 중앙시장의 생선장수 아주머니들을 중심으로 여성 시위대 5,000명이 가을비를 맞으면서 베르사유로 행진해 갔어요. 그들은 이튿날 왕과 가족을 파리로 데려가기도 했죠. 혁명의 중요한 단계에서 이처럼 여성의 역할이 컸어요.

유명한 여성 혁명가로 테루아뉴 드 메리쿠르Théroigne de Méricourt, 1762~1817가 있었습니다. 그는 1792년 8월 10일에 두드러지게 활약했어요. 하지만 그는 지롱드Girondins파와 함께 고발당한 뒤 정신이상이 되었죠. 그리고 샤를로트 코르데Charlotte de Corday, 1768~1793는 급진파 마라Marat, 1743~1793를 살해하고, 당당하게 잡혀서 처형당했습니다. '여성공화주의자 협회' 회원들은 국민공회에 나가 청원서를 제출하고, 정치클럽에 모여 국회의 소식을 담은 신문인 《모니퇴르Moniteur》를 읽었어요. 그러나 남성은 자신들만의 정치세계를 구축하면서, 여성을 집에 붙잡아 두려고 노력합니다.

남성 위주의 혁명에 글을 무기 삼아 항의한 여성은 올랭프 드 구즈Olympe de Gouges, 1748~1793입니다. 구체제 시대에 극작가로 활동하다가 혁명을 맞이한 그는 여성이 혁명에 중요한 역할을 하는데도 자꾸 정치무대에서 쫓겨나는 데 분노했어요. 그래서 '인권선언'을 다시 해석했습니다. 불어는 남성 명사와 여성 명사를 구별하는데, 인권선언을 거기 맞춰 해석하면 '남성과 남자시민의 권리선언'이 됩니다. 그래서 구즈는 1791년 9월 '여성과 여자시민의 권리선언'을 써서 여성도 남성과 똑같은 권리를 누려야 한다고 주장했어요.

프랑스에서 보통선거가 도입된 것은 1848년이었지만, 실제로 선거에서 여성이 투표한 날은 1945년 4월 29일입니다.

2부
공화국을 위하여

"우리는 마침내 자유로워졌다.
우리에게는 이제 왕이란 없다."

삼색의 상징이 나타나다

7월 14일 승리한 파리 시민들은 왕이 임명한 플레셀을 죽이고 직접 시장을 뽑습니다. 죄드폼의 선서를 선창한 천문학자 바이이는 초대 민선시장이 되었고, 라파예트La Fayett, 1757~1834 후작이 파리에 새로 조직한 군대인 국민방위군의 사령관이 되었습니다. 앞에서 바이이가 국회의장이었다고 했는데, 갑자기 민선시장이라고 해서 깜짝 놀란 분들이 있을지도 모르겠네요. 당시 국회의장은 의원들이 돌아가면서 맡았기 때문에 임기가 짧았습니다. 바이이의 임기는 6월 17일부터 7월 3일까지였어요.

이렇게 중요한 날, 루이 16세는 무엇을 했을까요? 파리에서 시민들이 바스티유 요새를 놓고 싸우다 죽고 다치면서 승리하는 동안, 그는 베르사유 궁 가까이 있는 숲에서 하루 종일 사냥을 했습니다. 날이 저물어 궁으로 돌아간 그는 사냥 수첩에 '한 마리도 못 잡았음'이라고 씁니다. 그리고 밤 10시쯤 잠을 청했어요. 밤늦게 시종인 라 로슈푸코 리앙쿠르 공작이 루이 16세를 깨웠습니다. 왕이 잠을 잘 때는 아주 다급한 일이 벌어지지 않는 한 절대 깨우는 일이 없었지만, 그날은 달랐죠. 선잠을 깬 왕에게 공작이 말했습니다.

"큰일 났습니다. 바스티유 요새가 함락되었습니다."
"반란인가요?"
"아닙니다, 전하. 혁명입니다."

　루이 16세는 그때까지 일어난 일을 인정하지 않을 수 없었습니다. 그는 파리에 주둔시킨 군대를 물리라고 명령하고, 7월 17일 파리로 갔어요. 바이이는 시청에서 멀리 나가 왕을 영접하고, 파리 시민들이 새로 만든 삼색 표시를 주었어요. 왕은 그것을 모자에 달았고, 그 광경을 본 시민들은 기뻐서 환호했어요. 삼색 표시는 혁명의 상징 가운데 가장 중요한 것이 되었고, 나중에는 국기로 발전합니다.
　삼색 표시를 만드는 과정을 잠깐 잊었군요. 팔레 루아얄에서 시위대가 초록색 잎을 달고 거리로 나갔던 일을 기억하시나요? 초록색은 네케르 가문의 상징이며 희망의 색이었어요. 그러나 시위대는 그 색이 왕의 둘째 동생이며 지긋지긋한 바람둥이 아르투아 백작을 상징하기도 한다는 사실을 깨달았습니다. 그래서 이왕이면 새로운 색을 쓰기로 했죠. 파리를 상징하는 색은 빨강과 파랑입니다. 그리고 부르봉 가문의 왕은 백합꽃을 좋아했어요. 그래서 사람들은 빨강과 파랑 사이에 흰색을 넣어 삼색 표시를 만들었습니다. 왜 혁명을 일으킨 사람들이 왕의 색인 흰색을 썼을까요? 그때까지만 해도, 왕정을 없애겠다고 생각한 사람은 없었기 때문입니다. 기껏해야 입헌군주정을 생각했기 때문에 왕과 어떻게든 화합할 생각을 한 것이죠. 이후 왕은 시위의 직접적 원인이 되었던 네케르를 다시 불러 중책을 맡겼어요.

'기적' 같은 일이 일어나다

'역사는 사람이 하는 일인데, '기적'이라니, 말도 안 돼!'
이렇게 생각하는 분들이 많겠죠. 맞습니다. 역사를 대하는
사람은 기적보다는 인간의 의지를 먼저 생각하기 마련입니다.
그러나 하도 놀라운 일이라서 '기적 같은 일'이 일어났다는 말
이 절로 나오네요.

7월 14일 파리 시민이 정규군대와 싸워서 바스티유 요새를
정복한 뒤, 최초로 시장을 직접 뽑은 것을 기억하실 겁니다.
지방 도시민들도 그 소식을 듣고 파리를 본받아 자치정부를
세우고, 군대를 조직하여 치안을 담당하였습니다. 또 도시에서
일어나는 사건을 보고 농촌 사람들도 들고일어났어요. 농민들
은 그동안 변화를 두려워했지만 이제 세상이 변한 것을 알았
죠. 더욱이 지난해에 흉년이었기 때문에 이번에도 농사를 망
치지나 않을까 걱정이 태산 같았는데, 도적 떼가 아직 패지도
않은 곡식을 마구 베어 간다는 소문이 나돌았어요. 농민은 여

기저기서 무장을 하고, 의심스러운 사람들이 자기 마을로 들어오지 못하게 지켰습니다.

때로는 농민들이 무장을 하고 그 지역 귀족의 성을 습격하여, 오래된 문서를 찾아 불을 지르기도 했습니다. 귀족은 옛 문서를 근거로 농민의 피땀을 우려냈기 때문이죠. 이렇게 약 2주 동안 프랑스 전역을 휩쓴 소요사태는 나중에야 주로 헛소문 때문에 일어났음이 밝혀졌고, 역사가들은 그것을 '대공포La Grande Peur'라 부른답니다. 당시의 상황을 잘 이해하려면, 농민들에게 농사를 망치고 농작물을 약탈당하는 일이 얼마나 끔찍하고 두려운 일인지 한번 상상해 보시기 바랍니다. 날마다 밥을 굶다시피 하는 사람에게 또 1년을 굶으라고 한다면 어떨까요? 그런 두려움이 농민을 화나게 만들었고, 귀족의 성을 습격하게 만든 원동력이었어요.

국회에서는 그동안 전국에서 일어나는 일을 모두 보고 받으면서 대책을 마련하려고 애썼습니다. 7월 초부터 국회는 헌법을 제정하는 작업에 손을 댔기 때문에 제헌의회라고 부릅니다. 그 제헌의원들이 헌법을 제정하는 동안에도 가난한 농민과 노동자의 생활은 전혀 나아지지 않았습니다. 제헌의원들은 헌법의 기본정신을 담은 '인권선언문'에 대해 머리를 쥐어짜는 동안 전국의 도시와 농촌에서 피바람이 불어오는 것을 보며 몹시 괴로웠을 것입니다.

8월 4일 밤, 대귀족 가문의 제헌의원들이 앞장서서 '기적' 같은 말을 합니다.

"우리는 모든 특권을 포기하겠습니다."

1년 전만 하더라도 명사회에서 특권을 포기하지 않으려던 사람들이 스스로 특권을 포기하겠다니 얼마나 놀라운 일입니까? 그들은 '대공포'가 농촌을 휩쓰는 것을 보면서 압박을 받았음이 분명합니다. 그렇게 해서 8월 4일 밤부터 8월 11일까지 일주일 동안 사회적인 구체제가 무너집니다.

마지막으로 다시 한 번 상기시켜 드리겠습니다. 6월 23일 왕의 명령을 국회의원들이 듣지 않았을 때, 루이 16세는 더 이상 절대군주가 아니었으며, 이렇게 해서 정치적 구체제가 무너졌습니다. 그리고 8월 4일부터 11일까지 신분사회의 뼈대인 특권층이 스스로 특권을 포기한다고 선언하면서 사회적 구체제도 무너졌어요. 당시로서는 기적 같은 일이 아닐 수 없답니다.

장면 9

1789년 여름, 농촌의 혁명

　농민은 밀을 수확하는 시기가 가까워 오면서 더욱 예민해지고 불안해졌다. 더욱이 파리 같은 대도시에서 부랑자와 거지를 대대적으로 내쫓는다는 소식에, 그들이 농촌을 휩쓸고 갈까 봐 두려워했다. 도시에서 곡식 때문에 발생하는 폭동과 농민의 반란은 전국을 더욱 불안하게 만들었고, 게다가 도시에서 새로 생긴 국민방위군이 곡식을 쌓아 둘 만한 곳을 수색하고 다녔기 때문에 민심이 더욱 흉해졌다. 이런 분위기 속에서 전에 볼 수 없는 새로운 현상이 나타났고 역사가들은 그것을 '대공포'라 부른다. 7월 20일부터 8월 6일까지 보름 이상 농촌지역을 휩쓴 대공포는 시간차를 두고 모두 여섯 지역에서 시작되어 다른 곳으로 번져 나갔다. 더구나 이미 소요사태가 심했던 지역을 대부분 피해 가면서 새로운 혼란을 불러일으켰다.

조르주 르페브르Georges Lefébvre는《1789년의 대공포La Grande Peur de 1789》에서 이 현상을 세심히 분석하였다. 농민에게는 굶주림이 무엇보다도 가장 큰 적이었다. 흉년이 들면 농촌의 날품팔이 노동자는 거지가 되어, 이리저리 몰려다니면서 마을의 인심을 흉흉하게 만들었다. 또 농민들은 불리한 생활 조건 때문에 자기가 생산한 곡식을 마음대로 처분하지 못하여 불만이었고, 가혹한 세금과 빵 값 때문에 들고일어났다. 그들은 전국 신분회를 소집한다는 소식에 한줄기 희망을 품었지만, 현실은 여전히 더 나아질 것 같지 않았다. 그래서 농민들은 성직자와 귀족이 왕과 결탁하여 농민의 짐을 덜어줄 전국 신분회를 해체하려고 '음모'를 꾸민다고 여겨 어떻게든 전국 신분회를 지켜야 한다고 생각했다.

음모 이론은 당시 농촌에서 더 증폭되기 적합했다. 파리와 지방의 주요 도시에서는 일간신문이 발행되었으며, 애국파건 왕당파건 비교적 마음 놓고 자기주장을 할 수 있었지만, 농촌의 의사소통 방식은 문자보다는 주로 입말에 의존했기 때문이다. '입소문'으로 듣는 외부 소식과 멀리서 일어나는 먼지바람만 보고서도, 농민들에게는 조상 대대로 물려받아 무의식의 세계에 잠재하던 두려움이 되살아났다. 이 두려움의 근원은 굶주림, 도적떼에 대한 소문, 귀족의 음모였다. 한마디로, 굶주리는 농촌에 귀족의 하수인이 된 도적떼가 아직 완전히 익지도 않은 곡식을 베어 간다는 소문이 농민을 두렵게 만들었다. 그러나 소문으로 그쳤다면 대공포가 아니다. 농민들이 그 소문을 진짜로 믿었기 때문에 대공포가 되었던 것이다. 농민은 경종을 울려 다른 마을에 두려움을 알려주고, 그렇게 해서 두려움은 여러 마을로 중계되었다. 더욱이 경계심을 불러일으키는 종소리는 사람이 직접 전하는 소문보다 훨씬 빨리 퍼져 나가기 때문에 두려움을 더욱 증폭시켰고, 그렇게 대공포가 발생했던 것이다. 두려움을 느낀 농민은 곧 분노하면서 이른바 '처벌의지'를 가지고 귀족의 성관을 공격했다. 그들의 행동에서 자발적인 면을 볼 수도 있으며, 혁명의 지지자들과 연결된 모습도 볼 수 있다.

7월 20일, 낭트 근처에서 처음 발생한 대공포는 용기병들이 마을로 다가온다는 소문 때문에 생겼다. 가난한 마을에서 용기병의 주둔비용을 내는 일도 힘겹고, 용기병의 횡포를 예상하면 충분히 반감을 느낄 만했다. 낭트에서 발생한 대공포 현상은 남쪽으로 퍼져 나갔다. 20일이나 21일 멘 지방, 22일 프랑슈 콩테 지방, 24일 샹파

뉴 지방, 26일 클레르몽투아 지방, 28일 앙굴렘 이남에서 각각 시작하여 사방으로 퍼져 나갔다. 프로방스의 바르졸은 8월 4일, 피레네 산맥 근처의 루르드는 8월 6일에 경험하였다. 이 17일 동안 대공포를 경험하지 않은 곳은 브르타뉴, 알자스, 마코네, 랑드, 페이 바스크, 보카주 노르망, 에노, 그리고 캉브레지였다. 대공포가 전국을 휩쓸 때 도시는 민병대를 더욱 효과적으로 조직하였고, 그때까지 서로 모르고 지내던 도시와 농촌 마을은 새로운 관계를 맺게 되었다. 일종의 연맹관계가 생겨나는 계기가 된 것이다. 농민이나 도시민은 모두 귀족과 특권층을 더욱 미워하게 되었고, 지방에서 혁명이 더욱 가속화하는 계기가 되었다. 농민은 귀족이나 부르주아만 미워한 것이 아니라 심지어 농촌의 일꾼도 미워했다. 가난한 날품팔이 일꾼은 떼 지어 다니면서 익지 않은 곡식을 베어 가거나, 그러진 않는다 할지라도 막 수확한 밭에 마구 들어가 낱알을 주워 가기 때문이다. '대공포' 현상은 국민의회 의원들을 압박하여 8월 4일 중대 결정을 내리는 계기를 마련했다.

인간과 시민의 권리를 선언하다

　5월 초에 모인 전국 신분회 대표들은 나라를 완전히 뒤바꿔 놓기 시작합니다. 그들은 최초로 국회를 만들고 1,000년 이상 유지되던 왕국을 뿌리부터 흔들었습니다. 이제 법을 만드는 사람은 왕이 아니라 국민의 대표들이었죠. 국회는 헌법을 제정하고 굳건한 토대에 올릴 때까지 해산하지 않겠다고 맹세했습니다. 헌법이란 나라를 다스리는 원칙을 담은 법으로 국민의 기본적 권리, 정치조직의 원칙과 방법을 정하는 법을 뜻합니다. 8월 26일, 제헌의회는 인간과 시민의 권리를 모두 17개 조에 나눠 담아 내놓았어요.

　간단히 줄여서 인권선언이라고 부르는 이 문서는 '구체제의 사망확인서'라고도 불리지만, 프랑스에만 한정된 내용이 아닙니다. 제헌의원들은 이것이 모든 나라에 해당한다고 자부했어요. 물론 기독교를 믿지 않는 나라가 많기 때문에 '최고 존재'라는 말을 불편해하는 나라도 있습니다. 아무튼 인권선언은

'인간'뿐만 아니라 '시민'의 권리를 말합니다. 먼저, 모든 사람이 자유롭고 평등하게 태어났으며, 또 그렇게 살아가야 한다는 것을 앞세우고 있습니다. 그리고 시민의 권리를 말하지요. 여기서 시민이란 공동체의 정치생활을 주체적으로 꾸려 나가는 사람을 뜻합니다.

공동체에 속한 시민은 신체의 자유와 나쁜 일을 하지 않는 한 마음대로 행동할 자유를 누립니다. 또 사상의 자유, 믿음과 종교의 자유, 그리고 이러한 자유를 악용하지 않는 한 마음대로 표현할 자유를 누립니다. 게다가 재산권도 중요한 권리이며 자유라고 명시되어 있으며, 권력의 독점이 아니라 분립이야말로 헌법의 기본정신이라고 나와 있습니다. 평등은 권리의 평등을 뜻합니다. 그렇지만, 실제 정치생활에서 자유를 실현하기 어려웠듯이 평등도 실현하기 어려웠어요.

일상생활에서 제일 흔히 볼 수 있는 것이 우애입니다. 구체제 시대부터 혁명기까지 우애를 나누는 모습은 별로 다르지 않았어요. 혁명기에는 수많은 정치단체가 생기고 거기 속한 사람들은 서로를 형제처럼 생각했습니다. 또 파리와 지방의 정치단체가 형제자매 단체처럼 연결되었죠.

프랑스 혁명의 좌우명은 '자유·평등·우애'라는 사실을 아실 겁니다. '자유·평등·박애'로 알고 계셨다면, 박애는 잘못

번역된 말로, 우애라고 이해해야 올바르다는 사실을 알려드립니다. 박애는 인류를 두루 사랑하는 마음이지만, 우애는 형제자매나 친구 사이에 아껴 주는 마음이죠. 또한 인권선언에 자유와 평등과 재산권이라는 말은 나오지만 우애라는 말은 나오지 않습니다. 그러나 일상생활에서는 우애를 두루 쓰고 있었답니다. 우애는 단결을 뜻했어요.

우파와 좌파가 탄생하다

　제헌의원들은 루이 16세에게서 법을 제정할 권리를 빼앗고 단지 행정권을 맡겼습니다. 그들은 자신들이 만든 법을 왕이 승인^{또는} 재가해야 효력이 발생하도록 했어요. 행정부가 마음대로 할 수 없듯이, 입법기관도 마음대로 할 수 없도록 규칙을 정한 것이지요. 이렇게 해서 루이 16세는 거부권을 얻었습니다. 거부권이란 '나는 거부한다'라는 라틴어 'veto^{비토}'에서 온 말로, 고대 로마 공화국에서 호민관에게 주었던 권한입니다. 프랑스 혁명을 이끈 사람들은 이렇게 고대 로마 공화국에서 제도와 정신을 물려받았답니다.

　왕에게 거부권을 주는 문제를 놓고 제헌의원들은 열띤 토론을 벌였습니다. 전국 신분회 대표가 거의 1,200명이었는데 이들이 제헌의원이 되었다는 사실을 앞에서 보았죠? 8월이 되면, 모든 의원이 투표에 참석하지 않는다 해도 거의 1,000명 정도가 투표를 했습니다. 그러다 보니 표결을 할 때 찬성과 반대의 수를 세기 힘들었어요. 그래서 왕에게 거부권을 주느냐 마느냐의 문제에 대하여 찬반투표를 할 때, 찬성파와 반대파를 의장의 오른쪽과 왼쪽에 나눠 세운 뒤에 계산했습니다.

이때부터 정치생활에 우파와 좌파라는 말이 생겼습니다. 우파는 보수 성향을, 좌파는 급격한 변화를 바라는 성향을 나타냅니다. 좌우의 중간을 중도파라 하는데, 투표할 때 이들의 마음을 사로잡으면 다수파가 되어 이기고 반대의 경우 지는 결과로 나타났죠.

1789년은 혁명의 해였지만, 아직 의원들 가운데에도 변화에 적응하지 못하는 사람이 많았습니다. 그들은 왕에게 거부권을 주는 문제에 적극 찬성했어요. 덕분에 왕은 합법적으로 혁명의 흐름을 늦추기 시작했죠. 혁명은 이제 시작일 뿐이며 갈 길이 멀다고 생각한 의원들은 불만이 많았지만, 국회에서 그들은 아직 소수였어요. 물론, 의회 바깥에는 급진파 의원들을 지지하던 사람들이 많았지만 이들도 어쩔 수 없었습니다.

루이 16세는 8월 4일부터 11일 사이에 만든 법과 8월 26일에 만든 인권선언을 승인하지 않고 계속 버텼어요. 그는 아를 Arles의 대주교인 장 마리 뒤 로 달르망에게 편지를 써서 의원들의 결정을 인정하지 않겠다는 의지를 분명히 밝힙니다.

"나는 종교인과 귀족의 재산을 빼앗는 일을 결코 인정하지 않을 것이오. 나는 그 법을 재가하지 않겠소. 만일 힘으로 나를 밀어붙여 재가하라고 한다면 어쩔 수 없겠지요. 그러면 프랑스에는 더 이상 군주정이나 군주가 없을 것이오."

루이 16세가 무엇을 걱정하는지 아시겠지요? 과연 그가 예언한 일이 일어났을까요?

신의 아들

구체제의 프랑스 왕국은 필요할 때마다 생긴 제도 때문에 세무·행정·군사·종교적인 면에서 제멋대로 분할되어 있었다. 예를 들어, 정치적으로는 주provinces, 재정적으로는 납세구généralités, 민간 행정의 면에서는 지사관구intendances, 종교적으로는 주교구évêchés, 군사적으로는 군관구gouvernements로 나뉘었다. 이러한 관할지역은 서로 겹치면서도 크기가 달랐기 때문에, 제헌의원들은 합리적인 방법으로 왕국을 재정비할 필요가 있었다. 그들은 단위면적을 비슷하게 하는 문제와 인구분포를 맞추는 문제로 고심했다. 여기서 주 단위를 도département 단위로 바꾸는 것이 가장 큰 문제였다.

제헌의원들은 이 문제를 놓고, 풍속을 무시하지 않으면서도 일정한 크기로 국토를 나누기로 합의하여 1789년 11월 12일 기본적인 원칙을 정하였고, 결국 이듬해 1월 15일 도의 수를 83개로 확정했다. 이제 행정단위인 도가 종교 단위인 주교구와 일치하게 되었다. 그리하여 전에는 135명이던 주교가 83명으로 줄었던 것이다. 그림에서는 위축된 처지를 슬퍼하는 성직자를 묘사했다. 이는 구체제에서 가장 높은 신분이던 종교인에게 시민사회의 원칙을 적용하는 첫

걸음이었고, 계속해서 성직자 시민헌법으로 주교직도 선거로 뽑게
한 것은 그 원칙을 더욱 철저히 적용한 결과였다.

여성들이 혁명을 주도하다

입술이 없으면 이가 시리다는 속담이 있습니다. 루이 16세와 귀족 그리고 성직자들은 입술과 이처럼 서로 지켜 주는 관계였어요. 제헌의원들은 스스로 특권을 포기하기로 합의하였지만, 루이 16세는 귀족과 성직자를 지켜 주려고 거부권을 행사합니다. 그래서 제헌의원들이 며칠 밤을 새며 만든 법도 당장 적용하지 못했어요. 루이 16세는 자신을 지키려면 자기편을 잃지 않아야 한다는 생각으로 한사코 버텼죠.

10월 초에도 프랑스의 식량 사정은 나아지지 않았습니다. 그런데 베르사유 궁에서 군인들이 술을 먹고 '왕과 왕비 만세!'를 부르는 것도 모자라, 혁명의 상징인 삼색 표시를 짓밟았다는 소문이 퍼졌어요. 게다가 술 취한 군인들은 왕비의 나라 오스트리아의 상징인 검은색 표시를 달았다고 합니다. 파리 시민들은 이 소문을 듣고 화가 났습니다. 특히 집안 살림을 맡아서 빵 값, 반찬 값에 민감했던 여성들이 몹시 화가 났죠. 마침내 중앙시장에서 장사하는 아주머니들이 '빵을 달라'고 외치면서 파리 시청으로 몰려갔어요.

아주머니들은 10월 5일 시청 광장에 모였다가 내친김에 베르사유 궁까지 행진하기로 작정합니다. 왕을 만나서 빵을 달라고 하겠다는 생각이었죠. 가을비가 내리는데, 무려 5,000명이나 떼 지어 대포를 앞세우고 걸어서 베르사유로 갔습니다. 그들이 행진하는 동안 남자들도 합세했어요. 파리와 베르사유 궁 사이에는 뫼동Meudon 숲이 있는데, 루이 16세는 거기서 사냥을 하고 있었고, 마리 앙투아네트는 평소에 즐겨 찾던 프티 트리아농Petit Trianon 궁에 있었습니다. 왕과 왕비는 파리에서 아주머니들이 떼 지어 도착했다는 소식을 듣고 부랴부랴 궁으로 돌아갔어요.

파리 국민방위군 사령관 라파예트 장군은 베르사유로 갈 생각이 없었습니다. 그러나 아주머니들이 베르사유에 도착할 즈음, 그러니까 오후 5시경 파리 시의 명령을 받습니다. 그리하여 군대를 끌고 베르사유로 출발합니다. 라파예트와 군대는 밤 9시경에 베르사유에 도착했어요. 궁전 마당 앞 철책을 사이에 두고 수비대가 파리 여성들을 막고 있었죠. 라파예트는 궁으로 들어가 루이 16세를 만나 정중하게 인사를 하고 사태를 수습하겠다고 장담합니다. 루이 16세는 잔뜩 겁을 먹고 있었어요. 그는 국회의장에게 8월에 만든 법과 인권선언을 가져오라고 하여 서명하죠. 그는 8월 중순부터 버티던 일을 마지못해 했습니다. 겁을 먹고 나서야 법을 승인했던 것입니다.

10월 5일 밤은 무사히 넘어갔습니다. 그런데 새벽이 되자 다시 일이 벌어집니다. 파리 여성들이 철책을 무너뜨리고 궁으로 쳐들어갔어요. 그들은 왕비의 침실까지 마구 들어갔죠. 라파예트 장군은 밤새 잠을 자지 못하다가 친척 집에서 잠깐 잠들었는데, 그 사이 일이 터졌습니다. 라파예트 장군은 헐레벌떡 궁으로 들어가 왕과 왕비를 안심시킨 뒤, 2층 창문을 열고 발코니로 나섰어요. 그는 왕과 왕비를 차례로 데리고 나가 마당에 모인 군중을 안심시켜 주었습니다. 그 순간의 지배자는 라파예트 장군이었어요. 그때 시위군중이 외칩니다.

"파리로 갑시다."

그렇게 해서, 파리 아주머니들은 왕과 왕비, 왕세자를 '빵집 주인과 그 마누라, 심부름꾼'이라고 놀려대면서 파리로 데려갔습니다. 왕과 가족을 실은 마차, 밀가루를 가득 실은 마차가 죽 늘어서서 파리로 향할 때, 저마다 무슨 생각을 했을까요? 루이 16세는 '6월 하순에 불러 모은 군대 3만 명으로 질서를 되찾았더라면 좋았을 텐데'라며 속으로 후회하지 않았을까요?

이후 루이 16세와 그 가족은 베르사유 궁으로 되돌아가지 못합니다. 루이 14세가 짓고 1682년부터 정치적 중심지가 되었던 베르사유 궁은, 1789년 10월 6일 왕을 파리에 빼앗겼어요. 국회는 먼저 일부 의원들을 왕과 함께 파리로 보낸 뒤, 보름 안에 파리로 이사했습니다. 이제 파리가 정치와 혁명의 중심지가 되었고 그 과정에서 여성의 역할이 매우 컸습니다. 모든 사건이 그렇듯이 어떤 일에는 그 사건을 일으킬 때는 미처 몰랐던 효과가 있기 마련입니다. 파리의 가난한 사람들, 다른 말로 수동시민들이 정치적으로 투표권을 얻진 못했지만 점점 정치세력으로 나타났음을 알 수 있습니다.

교회와 성직자도 분열하다

    나라 살림이 적자를 면치 못하는 가운데 제헌의회는 가톨릭교회를 개혁하기로 결정합니다. 가톨릭은 국교였으며 나라 안에서 가장 많은 특권을 누렸기 때문에 막대한 재산을 갖고 있었죠. 고위직 성직자인 주교 탈레랑Talleyand, 1754~1838이 제헌의회에 제안하여 1789년 11월 2일 교회 재산을 국유화하는 법을 통과시켰습니다. 그것을 팔아서 재정 문제를 해결하기로 결정한 것입니다.

    구체제에서는 왕국이 제멋대로 나뉘어, 종교구역·사법구역·징세구역·행정구역이 각각 따로 놀았어요. 그래서 1790년 2월 26일부터는 전국을 83개 도로 나누어 행정과 종교의 구역을 일치시켰죠. 그렇게 하면 주교의 수는 135명에서 52명이 줄게 됩니다. 주교에게 주는 돈도 많이 줄일 수 있었고요.

    그리고 '아무 일도 하지 않고 그저 기도만 한다'는 이유를 들어 수도원을 폐지합니다. 또 1790년 5월 29일부터는 '성직

자 시민헌법'을 만들기 시작하여 7월 12일에 완성했어요. 제헌
의회는 앞으로 완성할 헌법의 일부로 이 법을 만들었기 때문
에 제목에 헌법Constitution이라는 말을 당당히 썼던 것입니다.

성직자 시민헌법은 대주교·주교·사제를 모두 시민이 뽑도록
정했어요. 그리고 대주교·주교·사제는 모두 국민·왕·헌법에
충성하겠다고 맹세하도록 했습니다. 인권선언의 정신을 따르
자면 프랑스의 모든 인간과 시민은 평등하게 공동체의 정치생
활에 참여합니다. 성직자도 예외는 아니죠. 성직자는 시민헌법
에 맹세하면서 시민사회의 일원이 되는 것이었습니다.

루이 16세는 또다시 시민헌법을 승인하지 않고 버팁니다. 그
러다가 국민대화합의 축제인 7월 14일 '연맹제'를 넘기고 나서
7월 22일에 마지못해 승인합니다. 이후 그는 몹시 후회하고 좌
절했어요. 그는 믿을 만한 친구에게 이렇게 말합니다.

"나는 프랑스의 왕보다는 메쓰의 왕이 되고 싶소."

메쓰Metz는 독일에 가까운 곳이었으며, 루이 16세에게 충성
스러운 부이예Bouillé 장군이 있는 곳이었어요. 그래서 루이 16
세는 활동의 제약을 받는 파리에서 벗어나 메쓰로 간다면 왕
대접을 받으면서 살 수 있으리라고 생각한 것이죠. 그만큼 루

이 16세는 자기 처지를 암울하게 생각했습니다.

정작 성직자들은 어땠을까요? 1790년 말, 국회는 모든 성직자를 뽑을 때 시민헌법을 잘 지키겠다고 맹세하게 만드는 법을 통과시킵니다. 왕은 또 한 달이나 버티다가 마침내 12월 26일에야 법을 승인했어요. 이번에는 성직자뿐만 아니라 신도들까지 분열합니다. 주교 가운데 단지 7명만이 맹세했고, 사제와 보좌신부는 겨우 절반인 52퍼센트에 해당하는 2만 8,000명이 시민헌법에 맹세했습니다.

시민헌법은 프랑스 교회와 로마 교황의 사이도 갈라놓았습니다. 인권선언에서 하느님 대신 '최고 존재'라는 말을 쓴 것에 대해 불경하다고 화를 냈던 교황은 1791년 3월부터 4월까지 시민헌법을 공식적으로 비난합니다. 이렇게 해서, 시민헌법을 지키는 성직자인 '선서성직자'와 거부하는 성직자인 '비선서성직자' 또는 '거부성직자'를 중심으로 신도까지 두 편으로 나뉘게 됩니다. 양측은 무기를 들고 서로 싸우기도 했어요.

장면 11

루이 16세는 야누스

성직자 시민헌법Constitution civile du clergé을 일본처럼 '성직자 민사 기본법'이라고 번역하는 사람들이 있다. 두 나라 학자들이 합의하지 않았는데, 한자어 표기가 같은 번역어를 쓰는 것은 어느 한쪽이 자발적으로 지적 예속상태에 들어갔다는 뜻이다. 이 헌법은 프랑스 혁명으로 탄생한 시민사회에 종교인을 편입시키는 법이라는 사실을 잊지 말아야 한다. 우리나라에서는 '형사'와 함께 쓰는 '민사'라는 말보다는 '시민'이라는 말이 더 자연스럽다. 또 이 법은 1791년에 나오게 될 헌법에 들어갈 예정이었으므로 '기본법'이라고 어색하게 부르기보다는 원뜻을 살려 '헌법'이라 부르는 것이 적절하다.

1790년 7월 14일 전 국민이 화합하는 전국 연맹제가 파리에서 열릴 예정이었는데, 국민의회는 이틀 전인 12일 이 헌법을 통과시켰다. 루이 16세는 거부권을 행사할까 말까 망설이다가 열흘 뒤인 7월 22일 승인했다. 독실한 기독교도였던 그는 종교인의 지위를 낮추는 헌법을 마지못해 승인했다.

'성직자 시민헌법'은 반혁명의 불씨를 키우는 요소였다. 그럼에도 1년 전의 현실에 비하면, 확실히 민주화한 모습을 보여 주는 개혁이

Le Roi Janus, ou l'homme à deux visages.

"나는 헌법을 지지하겠소."
"나는 헌법을 파기하겠소."

왕이 헌법을 지지하지 않을 때, 왕관을 떨어뜨릴 수도 있음에 주목하자.

었다. 새 프랑스를 혈통보다 능력 위주의 사회로 만들어 가려는 원칙을 적용했기 때문이다. 혁명 직전부터 개신교도와 유대교에 대한 태도를 바꾸기 시작한 프랑스가 정교분리 원칙을 적용하면서 가톨릭교회를 국가 아래 둔 것을 보면, 문화적 구체제의 큰 뿌리가 끊겼음을 알 수 있다.

루이 16세, 도망가다

루이 16세는 1789년에 이미 수많은 권력을 잃었습니다. 더욱이 그는 10월 초부터 튀일르리 궁에 갇혀 지냅니다. 거의 날마다 숲 속에서 사냥하던 재미도 완전히 잃어버리고, 이제는 가까운 곳마저 제 마음대로 갈 수 없는 처지가 되었죠. 혁명 초에는 '프랑스에 자유를 회복시켜 준 사람'으로 칭송받던 그가 어쩌다가 이처럼 처량한 신세가 되었을까요? 그것은 정치 권력의 중심이 점점 국회 쪽으로 옮겨 갔기 때문입니다.

루이 16세는 절대군주였기 때문에 전국 신분회를 소집하고 해산하는 권한을 가지고 있었습니다. 그러나 전국 신분회에 모인 평민 대표들은 스스로 국회를 만들고, 한 걸음 더 나아가 국회의원도 왕 못지않게 '신성한 존재'라고 하면서 스스로 면책특권을 가졌습니다. 그리고 헌법을 제정하면서 왕의 승인을 받아냈지요. 그때까지는 루이 16세와 제헌의회의 힘은 거의 비슷했어요.

그러나 루이 16세가 가족과 함께 억지로 파리로 끌려간 뒤부터 국회는 점점 더 권력의 중심에 섭니다. 게다가 성직자 시민헌법이 나오고, 루이 16세가 마지못해 그 법을 승인하고 난 뒤에는 무척 초라해졌지요. 실제로 그는 파리에서 도망칠 궁리를 하기 시작합니다.

왕을 도망시킬 계획을 세우고 실천한 사람이 있었어요. 스웨덴의 귀족 페르센Fersen, 1755~1810 백작입니다. 그는 10대에 베르사유 궁에 갔다가 같은 또래의 마리 앙투아네트를 보고 흠뻑 빠졌습니다. 그 뒤 왕비가 된 마리 앙투아네트는 페르센 백작과 자주 만났고, 루이 16세도 아내가 좋아하는 페르센 백작과 속내 말하는 사이가 되었어요. 왕이 메쓰의 왕 노릇을 하고 싶다는 비밀을 털어놓은 상대가 바로 그였습니다. 페르센 백작은 이미 1790년 10월 말부터 왕 일가를 도피시킬 계획을 세우기 시작했답니다.

루이 16세는 이리저리 기회를 엿보았습니다. 그에게 충성스러운 부이예 장군은 아들을 파리로 보내서 왕이 도망갈 시기와 방법을 구체적으로 논의했어요. 페르센 백작은 부이예 장군과 암호로 편지를 주고받으면서, 왕과 가족이 타고 갈 튼튼한 마차를 특별히 주문하고 중간에 기운 좋은 말로 바꿀 수 있게 준비합니다. 그리고 목적지 근처에는 부이예 장군의 부하들을 배치해 놓았습니다. 마침내 1791년 6월 20일 자정이 조금 넘어서 루이 16세는 가족을 데리고 튀일르리 궁을 빠져 나가 마차를 타고 룩셈부르크 쪽으로 도망쳤습니다.

이튿날 아침, 튀일르리 궁에서는 왕이 사라진 사실을 발견하고 국회에 알립니다. 국회에서는 가까운 국경으로 갈 수 있는 길목으로 사람들을 보내서 왕이 사라졌다는 사실을 알리기로 하였습니다. 한 8시간 정도 차이가 났기 때문에, 루이 16세가 미리 배치해 둔 말을 제때 바꿔서 목적지 근처에 미리 배치해 둔 병력과 닿는다면 정치의 주도권을 되찾을 기회를 얻었을 것입니다. 그러나 왕은 국경 근처의 작은 마을 바렌에서 잡히고 말았습니다.

루이 16세는 밤중에 낯선 마을에서 잡힐 때까지 23시간 동안은 자유로웠을까요? 1년 가운데 가장 낮이 긴 하짓날, 한가한 시골길에서 눈에 확 띄는 복장을 한 마부가 마차를 몰고 가는 모습을 시골사람들이 보았을 겁니다. 게다가 말을 바꿔 매려고 낮에 들렀던 역참에서는 왕의 얼굴을 알아본 사람도 있었습니다. 사진이 없던 시대였지만, 돈에 찍힌 왕의 옆얼굴을 기억하는 사람이라면 루이 16세의 특징을 쉽게 찾을 수 있었죠. 그래서 왕의 일행이 목적지인 국경까지 무사히 갈 수 있는 가능성은 아주 낮았습니다. 왕은 한밤중에 바렌에서 잡혀

하룻밤을 보낸 뒤, 파리까지 국민방위군의 호위를 받으면서 되돌아갔습니다. 파리 시당국은 시민들에게 루이 16세를 차갑게 침묵으로 맞이하라고 명령합니다.

시위대에게 총을 쏘다

파리 사람들은 왕이 도피한 소식을 듣자마자 튀일르리 궁, 강둑길, 시청 앞 광장으로 몰려들었습니다. 성난 그들은 루이 16세의 흉상을 부수고, 왕·왕비·부르봉·루이 같은 말을 모두 지워 버렸습니다. 생탕투안 문밖에서 맥주 양조장을 경영하는 상태르라는 사람은 군대 2,000명을 모았어요.

당시에 가장 독자가 많았던 신문 《파리의 혁명》에서는 루이 16세를 왕으로 인정하지 않는다고 했습니다. 이 신문은 파리 시장 바이이와 국민방위군 사령관 라파예트가 루이 16세를 도망치도록 도왔다고 비난합니다. 그러면서 다시 한 번 혁명을 일으켜야 한다고 씁니다.

"시민들이여, 우리에게 제2의 혁명이 필요하다. 우리는 첫 혁명을 이미 잊었다. 이제까지 우리는 기껏해야 자유를 조금 맛보았을 뿐이다. 우리가 자유를 정착시키지 못하면, 그마저도 금세 사라질 것이다. 이번에 국민의회는 1789년 6월처럼 단호한 의지를 보여 주지 못하였다. 우리는 이제 종교인과 귀족을 억누를 필요가 없다. 우리는 루이 16세와 대신들을 철저히 감시해야 한다."

2년 동안이나 헌법을 만들려고 애썼고, 이제 혁명이 거의 막바지에 이르렀다고 생각한 제헌의원들은 어떻게든 이 사건을 쉽게 끝내려 했습니다. 국회는 왕이 자발적으로 도망친 게 아니라 부이예 장군에게 납치당했다고 거짓말을 하죠. 그러자 전국에 외국 군대에 대한 공포가 불어 닥칩니다. 북부와 북동부쪽 사람들은 오스트리아군이, 서북쪽의 브르타뉴 사람들은 영국군이, 남서부쪽 사람들은 에스파냐군이 침략할까 봐 두려워서 무기를 들었습니다.

이때 파리의 정치모임 가운데 자코뱅 클럽과 코르들리에 클럽이 가장 활발히 활동하고 있었습니다. 자코뱅 클럽은 루이 16세에 대해서 조금 신중한 태도를 취했지만, 코르들리에 클럽은 이렇게 선언합니다.

"우리는 마침내 자유로워졌다. 우리에게는 이제 왕이
란 없다."

일자리가 없는 노동자들이 시위를 벌였습니다. 그들은 코르들리에 클럽과 힘을 합쳐 루이 16세를 왕좌에서 끌어내리는 문제를 국민이 결정하게 하자고 청원운동을 벌였어요. 자코뱅 클럽은 왕을 다른 사람으로 바꾸는 문제를 논의하였고, 코르 들리에 클럽은 1791년 7월 14일 샹드마르스에서 조국의 제단에 청원서를 바치기로 결의합니다.

7월 14일, 뜻깊은 날이죠? 바스티유 정복 제2주년과 연맹제 제1주년을 기념하는 날입니다. 샹드마르스는 오늘날 에펠탑이 서 있는 곳입니다. 그곳에서 기념행사를 했지요. 그런데 파리 시민 30만 명이 거기 모인 틈을 타서 국회가 루이 16세에게 유리한 결정을 내리려 한다는 소문이 나돌았습니다. 그래서 시민들은 국회로 몰려가 380명이 서명한 청원서를 국회의장에게 전달합니다. 그러나 국회는 7월 15일 '왕은 신성한 존재이며, 어떠한 재판의 대상이 될 수 없다'고 선언하죠. 국회는 왕을 폐위시킨다면 외국이 침략할 것이라고 생각했기 때문에 파리 시민들의 청을 무시했던 것입니다. 파리 시민들은 실망했어요.

'국회는 우리 편인 줄 알았는데, 왕의 편이구나.'

7월 16일, 자코뱅 클럽에서는 청원서를 작성하여 샹드마르스에서 서명을 받아 국회에 제출하자고 결의합니다. 이 과정에서 온건한 사람들은 과격한 사람들과 더 이상 같이 활동하지 않겠다며 자코뱅 클럽을 떠났습니다. 그들이 푀이양 클럽, 즉 푀이양파를 만들었어요. 그리고 국회는 헌법을 만들 때까지 루이 16세의 자격을 정지하는 법안을 통과시킵니다.

"만일 왕이 헌법을 따르겠다고 맹세한 뒤, 지키지 않으면 왕위를 포기한 것으로 생각한다."

7월 17일 국회는 계엄령을 선포했고, 파리 시청에는 곧 붉은 기가 걸렸습니다. 코르들리에 클럽은 샹드마르스로 나가 가난한 사람들과 합세해서 시위를 했어요.

"총칼을 치우라, 왕은 없다."

국민방위군은 시위대를 향해 총을 쐈습니다. 적어도 50명이 죽고 수백 명이 다칩니다. 1년 전 국민화합의 전국연맹제가 열린 조국의 제단이 시위대의 피로 물들었습니다. 아직도 국회의원 다수와 국민방위군 사령관이 모두 왕의 편이었어요. 노동자, 가난한 사람들, 일반 시민들은 또 한 번 좌절했지요.

장면 12

라파예트, 허수아비

　1757년 9월 무관귀족의 아들로 태어난 라파예트는 1776년에 시작한 미국 독립 전쟁에 참가하면서 주목받기 시작했다. 가족은 말렸지만, 그는 자기 돈으로 산 빅투아르승리 호를 타고 바다를 건너가, 1777년 초여름 아메리카에 도착한 뒤 2년 동안 전쟁에 참여했고, 버지니아 군의 사령관직을 얻었다. 또 1779년 일시적으로 귀국하여 미국 독립 전쟁의 명분을 널리 알리는 한편, 루이 16세를 설득했다. 루이 16세는 이미 미국의 독립을 승인했지만, 파병을 망설이던 차에 마음을 움직여 군대를 보내기로 결정했다. 라파예트는 요크타운이 함락된 뒤 야전사령관이 되어 싸우다가 1785년 프랑스로 돌아왔다. 그는 '두 세계의 영웅'이 되어 있었다.

　그는 새로운 사상에 물들었고, 네케르와 친하게 지냈다. 제1차·제2차 명사회에 참여해서 정부 측 안을 부결시키는 데 한몫하고, 특히 1788년 말 제2차 명사회에서 전국 신분회의 제3신분 대표를 두 배로 늘리는 데 찬성했다. 그는 리옴 세네쇼세 지역의 귀족 대표로 전국 신분회에 참석했고, 귀족이 제3신분과 합류하도록 촉구했다. 또 1789년 7월 8일, 베르사유와 파리 주변에 배치한 군대를 물리라고 주장한 미라보 백작의 발의에 찬성하고, 11일에는 자신이 만든 인권선언안을 국민의회에 제출했다. 13일 국민의회 부의장으로 뽑히고, 15일에는 파리 시청에 들려 파리 시민들이 14일에 한 일을 크게 치하했고, 그 자리에서 부르주아 민병대의 지휘관으로 추대 받았다.

라파예트는 1790년 7월 14일 파리에서 전국 연맹제가 열렸을 때 제병지휘관이 되어 영광의 절정에 올랐다. 그러나 혁명과 왕정을 조화시키려는 그는 점점 급진화하는 혁명에 싫증을 느꼈고, 실제로 그의 위치는 위축되었다. 1791년 6월 하순 왕이 국경으로 도망치다 잡힌 뒤, 그 여파로 일어난 7월 17일의 시위를 진압한 샹드마르스 총격사건으로 라파예트는 인기를 급히 잃었다. 1792년 전쟁이 일어난 뒤, 파리 상퀼로트가 정치무대에 뛰어들어 6월 20일 튀일르리 궁에서 왕을 위협한 소식을 듣고, 그는 전방의 근무지를 이탈하여 6월 27일 파리에 나타났다. 하지만 그 결과는 바라던 것과 완전히 다르게 나타났다.

그림에서 허수아비 라파예트는 칼을 휘둘러 외적의 침략을 막아 보려 하지만 새 떼는 아랑곳하지 않는다. 소문처럼 그가 오스트리아와 내통하고서 싸우는 흉내만 낸 것인지도 모른다. 라파예트는 8월 10일 제2의 혁명이 일어난 뒤 군대를 끌고 파리로 가려고 했지만 부하들이 말을 듣지 않아 실패했다. 결국 그는 8월 19일 오스트리아로 투항했다. 파리의 감옥을 피해서 망명한 그를 오스트리아에서도 감옥에 가두었지만, 파리에 있었다면 라파예트는 살아남지 못했을 것이다.

1791년 헌법을 완성하다

　시위대를 무력으로 진압하고 두 달이 채 지나지 않아, 제헌의원들은 2년 이상 쉬지 않고 매달린 헌법을 완성합니다. 1791년 프랑스 역사상 최초의 성문헌법에서 가장 눈여겨볼 내용은 행정권과 입법권을 완전히 나누었다는 점이었습니다. 행정부를 대표하는 왕의 권한은 대신들을 임명하고, 법률에 거부권을 행사하며, 법률을 시행하는 것입니다. 그리고 입법권은 모두 745명 의원으로 구성되는 국회에 속했어요. 의원을 뽑는 방법은 몇 단계를 거쳤습니다.

　인구 2,800만 명 가운데 성인 남자를 추리고, 그중에서 3일 치 임금을 세금으로 낼 수 있는 25세 이상의 성인남자 430만 명을 능동시민이라 했습니다. 그렇지 못한 300만 명의 남자를 수동시민이라 하였고요. 능동시민이 모여 그중에서 10일 치 임금을 세금으로 낼 수 있는 사람 5만 명을 뽑아서, 이들을 선거인이라 하였습니다. 이 선거인들이 다시 51일 치 임금을 세금으로 낼 수 있는 사람을 국회의원으로 뽑았습니다. 이들은 헌법의 정신을 담아 법률을 제정하는 입법의원으로서 모두 745명이었고, 임기는 2년이었어요. 프랑스 최초의 근대적 방식으로 뽑힌 사람들이죠.

1791년 9월 13일, 루이 16세는 헌법을 승인하고 이튿날 국회에 나가 헌법을 충실히 지키겠다고 맹세합니다. 자발적으로 입헌군주가 되겠다고 한 것이죠. 이렇게, 다시 루이 16세와 제헌의회는 타협을 하였습니다. 그리고 9월 18일 샹드마르스에서 헌법제정을 축하하는 잔치를 벌였어요. 제헌의원들은 이제 입법의회 의원들에게 자리를 넘겨주고 뒤로 물러나면서, 혁명이 끝났다고 생각했죠. 그러나 현실은 그렇지 않았습니다.

외국과의 전쟁이 터지다

프랑스 혁명이 일어나자 다른 나라에서도 프랑스의 문제에 큰 관심을 쏟았습니다. 평소 불만이 많았던 계층은 프랑스에서 일어난 혁명의 소식을 듣고 찬성하면서 자신들도 자유로워지는 날이 오기를 바랐어요. 그들은 서로 모여서 파리의 자코뱅 클럽과 연락하며 혁명에 대해 공부합니다. 그러나 외국의 지배자들은 프랑스를 휩쓴 '전염병'이 자기 나라로 들어올까봐 두려워했답니다.

더욱이 루이 16세의 동생과 대귀족들은 외국으로 빠져나가 국경지역에서 군대를 모으고 있었습니다. 루이 16세가 도망치다가 잡힌 뒤, 8월 27일 독일의 중동부에 있는 필니츠^{Pilnitz}에서 오스트리아 황제와 프로이센 왕은 프랑스를 강력히 위협했어요. 루이 16세의 동생 아르투아 백작도 그 자리에 있었지요. 두 나라 군주는 이렇게 선언합니다.

"우리는 프랑스 왕 루이 16세가 처한 상황이 유럽의 모든 군주에게 공통의 관심거리라고 생각한다. 만일 루이 16세를 위협한다면, 유럽 여러 나라가 힘을 합쳐 프랑스와 전쟁을 벌이겠다."

프랑스 혁명가들은 이 위협을 허풍이 아닌 진짜로 심각하게 받아들입니다. 이들은 외국의 침공에 대비해야 했으므로 혁명을 더욱 과격하게 만듭니다.

1791년 10월 1일, 입법의회가 첫 회의를 시작했습니다. 이들은 헌법정신을 받들어 법을 만드는 역할을 맡았고, 자신들의 지위를 왕과 대등하게 높였어요. 예를 들면, 왕을 부르는 '전하'라는 말을 없애고 국회의장의 의자를 왕의 의자와 같게 만들었으며, 왕이 나타나도 의원들이 일어서지 않고 그대로 앉아 있도록 했습니다. 왕의 지위는 낮아지는 동시에 의원들의 지위가 올라간 것이죠.

입법의회에서 의원들은 각자의 정치적 색깔을 분명히 드러내기 시작합니다. 이미 1789년 왕에게 거부권을 줄 것인가를 결정할 때, 의원들이 의장의 오른쪽과 왼쪽으로 나뉘어 찬성과 반대를 하기 시작하였죠. 입법의회에서는 오른쪽에 보수 성향 의원들이 앉았고, 가운데에는 온건한 변화에 우호적인 의원들이 앉았고, 왼쪽에는 가장 급진적인 의원들이 앉았어요. 왼쪽의 의원들은 혁명에 우호적인 세력을 이용해서 힘을 얻어 갑니다. 여기에는 파리 시민들의 압력도 한몫을 했습니다.

이 과정에서 나라가 분열됩니다. 이제 헌법을 만들었으니 혁명을 완수했다고 생각한 의원들과 아직 부족하다고 생각한 의원들로 크게 나뉘었지요. 또한 파리가 정치적으로 주도권을 행사하는 데 반대한 지방민들이 들고일어났습니다. 파리의 노동계급과 여성들은 혁명을 더욱 급진적으로 밀어붙이기를 바랐어요. 이 과정에서 급진파가 의회의 주도권을 잡기 시작했고, 또 그럴수록 국내외의 반발은 커졌습니다.

혁명을 둘러싼 프랑스와 외국 간의 말싸움은 실제로 전쟁으로 발전합니다. 1792년 4월 20일, 프랑스는 오스트리아와 전쟁을 시작했어요. 프로이센도 오스트리아 편을 들었죠. 프랑스 군대는 대개 전투경험이 부족했고, 초기에는 탈영자도 많았습니다. 게다가 전쟁을 선포하고 프랑스 군대가 만든 첫 희생자는 적이 아니었습니다. 프랑스 군인들은 지휘관이 후퇴명령을 내리자 적과 내통했다고 생각해서 죽였어요. 만일 오스트리아와 프로이센 말고 다른 나라들도 전쟁에 참여했다면 프랑스는 아주 위험했겠죠. 그러나 다행히 영국은 전쟁을 원하지 않았기 때문에 프랑스는 힘겹지만 버틸 수 있었습니다. 그리고 군대를 전적으로 재조직해야 했습니다.

장면 13

설사병

브룬스비크 공duc de Brunswick-Lunebourg, 1735~1806은 프로이센-오
스트리아 연합군 사령관으로서 루이 16세를 위해 1792년 7월 25일
성명서를 발표했다.

> "프랑스의 모든 군대 장교, 부사관, 병사들은 당장 왕에게
> 충성할 것, 파리 시당국과 모든 주민은 당장 왕에게 복종하
> 고, 왕과 왕실을 완전히 자유롭게 할 것, 만일 튀일르리 궁
> 을 침입하거나 모욕한다면, 또한 왕과 그 가족을 조금이라도
> 다치게 한다면, 오스트리아 황제와 프로이센 왕은 즉시 파리
> 에 대해 군사보복을 하여 파리를 완전히 폐허로 만들어버릴
> 것이다."

파리 사람들은 그의 성명서 내용을 8월 1일 접하고 몹시 화가 났
다. 그리하여 브룬스비크 공이 바라던 것과 전혀 다른 방향으로 혁
명 의지를 다지고, 8월 10일 대대적으로 봉기하는 구실로 삼았다.

그림에서 브룬스비크 공의 협박을 배설물의 수준으로 깎아내리
고 있는데, 실제로 파리 주민들은 8월 10일 왕정을 폐지하고 루이
16세를 곧 탕플 감옥에 넣었다. 이에 브룬스비크 공은 8월 19일 프
랑스 국경을 넘어 20일 롱비까지 진격하면서 파리를 위협했다. 마침

파리 서쪽 방데Vendée에서 왕당파가 적군에 호응하듯이 '왕 만세!'를 외치는 가운데, 프러시아 군은 8월 30일 베르덩을 공격하기 시작했다. 그러나 프랑스는 9월 20일 외적을 발미에서 막아냈다.

그림은 혁명기에 자주 나타나는 희화캐리커처로서, 지저분한 농담, 분뇨담scatology이다. 그림은 적절한 글로써 내용을 더 잘 이해하게 한다.

> "설사는 다른 질병처럼 잘 치료하기 어려운 재앙이다.
> 뿌지직 거리는 소리는 귀를 먹먹하게 만들고, 우리마저 똥 마렵게 만든다."

제2의 혁명이 일어나다

오스트리아에서는 1790년 초 황제 요제프 2세가 죽은 뒤 동생 레오폴트 2세가 뒤를 이었습니다. 그러나 얼마 되지 않아서 레오폴트 2세가 1792년 3월 1일 죽자 그의 맏아들 프란츠 2세가 뒤를 이었어요. 그래서 1792년 4월 20일 전쟁이 일어날 때, 프랑스는 왕비 마리 앙투아네트의 조카가 다스리는 나라와 싸워야 했습니다. 사실, 루이 16세는 전쟁이 자기를 자유롭게 만들어 줄 것으로 기대했어요. 실제로 초기에는 프랑스가 밀렸습니다. 불안한 사람들은 루이 16세와 대신들 그리고 군 지휘관들을 더 믿지 못하게 되었어요.

파리 시민들은 6월 20일 시위를 조직합니다. 그날은 뜻깊은 날이었어요. 3년 전에는 국민의회가 죄드폼에서 선서를 했고, 1년 전에는 루이 16세가 국경 쪽으로 도망친 날이었죠. 이날 파리 시민들은 튀일르리 궁에 들어가 루이 16세에게 자유를 상징하는 붉은 모자를 씌우고, 자신들이 마시던 포도주를 마시게 했습니다. 루이 16세는 시위대가 하라는 대로 할 수밖에 없었습니다. 시위대와 왕이 한순간이나마 대등해졌지요. 그러나 왕은 끝내 입법의회가 새로 만든 법을 승인하지 않았습니다.

당시 정치의 주도권을 쥔 당파는 지롱드파입니다. 이들은 더 이상 나라의 문제를 해결할 수 없었습니다. 이들은 파리 시민들의 요구에 굴복할 수밖에 없었어요. 그래서 지롱드파는 7월 11일 '조국이 위험하다'고 비상사태를 선언합니다. 스스로 외국의 위협에 맞설 능력이 없음을 인정한 셈입니다. 그럼에도 지롱드파는 루이 16세와 정치적 협상을 하였고, 행정부에 들어가는 조건으로 왕정을 보호했어요.

국가 비상사태 앞에서 민심이 흉흉하였고, 타지방에서 투사들이 파리로 몰려들었습니다. 7월 29일 로베스피에르는 왕을 폐위하고 보통선거로 공화정을 수립하자고 연설합니다. 그 사이 프로이센 군대를 이끌던 브룬스비크 공은 프랑스 사람들에게, '만일 루이 16세에게 충성하지 않으면 파리를 흔적도 없이 사라지게 만들겠다'고 엄포를 놓았습니다. 파리 시민들은 8월 1일 그 소식을 듣고 몹시 화가 났어요. 파리 시민들은 국민의회가 왕위 폐지 문제를 결정할 때까지 튀일르리 궁을 포위하겠다고 엄포를 놓았어요.

파리 코뮌Commune이란 각 구역 시민대표들의 총회를 말합니다. 그동안 파리 코뮌의 지도부는 시민들을 실망시켰기 때문에, 당통Danton, 1759~1794이 앞장서서 코뮌의 지도부를 바꾸었어요. 8월 10일 새벽에 일어난 일입니다. 곧 그들은 밤새 준비한 군사작전을 실천에 옮겨 튀일르리 궁으로 시민군을 모이게했어요. 여기에는 파리 시민군뿐만 아니라 브르타뉴와 마르세유의 연맹군도 참여했습니다.

여기서 상퀼로트sans-culotte의 활약에 대해서도 얘기하지 않을 수 없습니다. 상퀼로트란 귀족의 바지인 퀼로트를 입지 않은 사람이라는 뜻입니다. 당시 귀족은 무릎까지 오는 퀼로트를 입고 긴 양말을 신었어요. 상퀼로트는 줄을 친 긴 바지를 입고, 카르마뇰carmagnole이라는 조끼를 입었으며, 머리에는 자유를 상징하는 붉은 모자에 삼색 표시를 달아서 썼습니다. 천으로 만든 모자는 원뿔 모양이라서 머리에 쓰면 끝이 어느 한쪽으로 기울었죠. 그들은 칼을 차고 창을 들었어요. 그리고 상퀼로트 여성은 줄 친 치마를 입었답니다.

파리의 상퀼로트는 특히 가난한 지역인 생탕투안 문밖과 생마르셀 문밖에 사는 사람이 많았습니다. 그들은 1789년 7월 14일부터 혁명에 큰 영향을 끼칩니다. 구멍가게 주인, 물건을 만들어 파는 장인, 임금노동자인 그들은 혁명에 이바지하였지만 보상을 받지 못해 불만이 많았어요. 수동시민이기 때문에 정치에는 참여할 수 없었고, 경제적으로는 수입이 물가를 따라가지 못해서 늘 허덕였던 것입니다. 그들은 1792년 8월 10일에도 용감히 싸웠어요.

루이 16세는 가족을 데리고 튀일르리 궁을 포위한 병사들 사이를 걸어서 입법의회로 도망쳤습니다. 곧 이어서 왕궁을 지키던 병사들과 궁을 포위한 공격군이 서로 총을 쏘기 시작했어요. 8월 10일 튀일르리 궁은 포격과 총격을 받았고, 궁을 지키던 병사 700명, 공격군 병사 500명, 민간인 3,000명 이상이 희생되었습니다.

이렇게 해서, 당시까지 혁명을 이끌던 국회, 즉 제헌의회에서 입법의회까지의 국회는 루이 16세와 함께 권위를 잃어버리고, 파리 시민군과 연맹군 그리고 시위대가 승리합니다. 루이 16세의 칭호도 더 이상 왕이 아니라 루이 카페 또는 시민 카페로 바뀌고, 탕플Temple 감옥에 갇혔어요. 루이 16세의 먼 조상이 위그 카페였기 때문이죠. 입법의회는 앞으로 보통선거로 뽑을 국민공회에 자리를 내줍니다. 왕이 도망가다 잡혔을 때 한 신문에서 '제2의 혁명'이 필요하다고 말한 대로, 1792년 8월 10일 그 일이 일어난 것입니다.

'자유가 아니면 죽음'이다

8월 10일, 튀일르리 궁에서 피비린내 나는 전투가 벌어질 때, 입법의회에서는 절박한 심정으로 다음과 같이 결의합니다.

"모든 의원은 끝까지 국민의회의 품에 남을 것이며, 그들이 조국을 구하거나 조국과 함께 죽어야 할 곳은 바로 국민의회의 품임을 선언한다."

그러고 나서 의원들은 맹세를 합니다.

"나는 자유와 평등을 유지할 것이며, 그렇지 않으면
내 자리에서 죽을 것임을 맹세합니다."

'자유, 아니면 죽음'이라는 말이 이때 처음 생기지는 않았습니다. 이미 1791년 12월, 에베르^{Hébert, 1757~1794}는 자신이 발행하는 신문 《뒤셴 영감^{Le Père Duchesne}》에서 이렇게 말했지요.

"자유가 아니면 죽음이다. 제길, 이 말에 속지 마라. 모든 프랑스인은 구체제로 돌아가느니 차라리 최후의 한 사람까지 목숨을 버릴 것이다."

에베르나 의원들이나 똑같이 '자유가 아니면 죽음'이라고 했지만, 에베르는 입법의회 의원들보다 훨씬 과격한 사람이었습니다. 그가 생각하는 자유는 의원들이 생각하는 자유와는 조금 달랐어요. 에베르는 공포정 시대에 더욱 활약한 인물로 여느 의원들보다 훨씬 급진적인 자유를 원했습니다. 그는 가장 가난한 사람까지 정치에 자유롭게 참여해야 한다고 생각했던 것입니다. 그리고 제2의 혁명이 일어난 뒤, 그가 바라던 대로 가난한 사람들도 정치적인 세력이 되었어요. 하지만 나중에는 이런 에베르도 로베스피에르에게 밉보여 처형당하고 맙니다.

붉은 상퀼로트

 미국이 영국의 식민지였던 시절, 독립 의지를 강하게 다지기 위해 패트릭 헨리Patrick Henry, 1736~1799는 '내게 자유가 아니면 죽음을 달라'고 외쳤다. 그로부터 25년이 지난 1789년 말부터 프랑스 동부

국경지대의 여러 도시부터 남부로 그리고 브르타뉴 지방으로, 국민 방위군의 연맹제 바람이 휩쓸었다. 국민방위군은 생활필수품이 부족한 때 보급로를 안전하게 지키고 특히 곡식을 외국으로 빼돌리는 일을 감시하겠다고 힘을 합쳤던 것이다. 1790년 1월 중순 브르타뉴 지방과 앙주 지방은 연맹제를 거행했는데, 이때 '자유가 아니면 죽음이다'라는 구호가 공식적으로 등장했다. 브르타뉴 지방은 대표단을 파리로 파견하여 전국 연맹제를 열자고 제안했다. 그리하여 1790년 7월 14일 파리에서 전국 연맹제를 전 국민의 화합의 잔치로 치렀다. 원래 7월 14일은 처음부터 거론된 날짜가 아니었다. 그럼에도 점점 바스티유 정복을 기념하는 날을 전국 연맹제의 날로 정하자는 의견이 대세가 되었고, 그 전통이 살아남아 오늘날 프랑스의 국경일이 되었다.

1792년 4월 20일, 오스트리아에게 전쟁을 선포한 소식을 듣고 국민방위군과 붉은 모자를 쓰고 붉은 줄무늬 바지를 입은 상퀼로트가 무기를 들고 모였다. 이 그림에서 상퀼로트의 등장은 뜻깊다. 왜냐하면 국민방위군은 3일 치 임금을 세금으로 낼 수 있는 25세 이상의 가장, 다시 말해서 능동시민으로 구성되었는데, 이제 대부분 수동시민인 상퀼로트가 정치무대에 등장하는 기회를 얻었기 때문이다. 상퀼로트는 집단적으로 점점 더 힘을 과시하면서, 4개월 뒤 8월 10일 이른바 제2의 혁명을 일으키고 왕정을 정지하는 일에 동원되었다.

9월, 공포가 학살을 부르다

　당시 파리에는 감옥이 많았고 감옥마다 갇힌 사람도 많았습니다. 모두 3,000명 정도였는데 그중에서도 1,000명 정도가 8월 10일 이후에 잡힌 사람들이었습니다. 그래서 왕당파가 감옥을 부수고 귀족, 성직자, 스위스 병사들을 빼내려 한다는 소문이 돌았어요. 혁명 지도자들이 너도나도 이 문제에 대해 말했죠. 그중에서 가장 과격한 마라는 이렇게 선동했습니다.

　"가장 확실하고 슬기로운 방법은 당장 무기를 들고
　감옥으로 가서 반역자들을 끌어내 처형하는 것이다."

　그런데 전장에서는 나쁜 소식이 들어옵니다. 오스트리아와 프로이센 연합군이 프랑스 영토로 들어온 것이죠. 이제 적군이 파리까지 진격하는 것은 시간문제였습니다. 파리 시민들은 이렇게 생각했어요.

'우리가 전장에서 죽은 뒤, 적군이 들어와 감옥 문을 열어 주면 반역자들이 나와서 우리의 가족에게 복수하겠지. 그러니까 우리가 먼저 그들을 죽이자.'

9월 2일부터 6일까지, 그들은 파리의 감옥을 돌아다니면서 제대로 재판도 하지 않고 거의 1,100명이나 마구 죽였습니다. 이 사건을 '9월 학살'이라고 합니다. 상퀼로트들은 사람을 죽이고 머리를 잘라 창끝에 꿰어 들고 다녔어요. 그들은 왕세자와 공주의 가정교사였던 랑발 공작부인도 감옥에서 끌어내고 위협했습니다.

"어서, 국민 만세! 라고 외쳐."

랑발 공작부인이 거절하자, 그들은 랑발 공작부인을 시체더미 위로 올라가게 한 뒤에 잔인하게 죽였습니다. 그리고 시체를 탕플 감옥 아래로 끌고 가서 갇혀 있는 루이 카페의 가족에게 보여 주었어요. 두꺼운 벽에 뚫린 작은 창문으로 끔찍한 광경을 내려다 본 마리 앙투아네트는 기절하고 맙니다.

이 학살이 일어난 뒤, 더욱 거센 투쟁이 나라 안팎에서 일어났습니다. 외국에서는 혁명을 더욱 두렵게 생각하게 되었고, 국내의 여러 도시와 지방에서는 파리 사람들이 혁명을 독차지하는 데 대해 화가 났습니다. 지방민은 파리가 전국의 83개 행정구역의 하나일 뿐인데 나라 전체를 대표하고, 혁명을 마음대로 이끌어 간다고 화가 났던 것이죠. 이것이 나중에 국내 전쟁으로 번지는 원인이 됩니다.

전쟁의 이유

　1790년 5월 국민의회는 갑자기 전쟁의 공포에 휩싸였다. 에스파냐와 영국이 전쟁을 할 조짐이 보였는데, 과연 프랑스는 누구 편을 들어야 할지 결정하기 어려웠기 때문이다. 물론 루이 16세는 같은 부르봉 가문의 왕이 다스리는 에스파냐의 편을 들어주고 싶었겠지만, 국민의회는 전쟁 문제를 어떻게든 확실히 짚어 두어야 했다. 의원들은 논란 끝에 5월 23일 프랑스는 모든 침략전쟁을 거부한다고 결의했다. 이것은 프랑스가 먼저 다른 나라를 침공하지는 않겠다는 뜻이지, 침략을 받을 경우에도 가만히 있겠다는 뜻이 아니었다.

그런데 혁명이 급진화하면서 국내외 정세가 더욱 불안해졌다. 특히 성직자 시민헌법을 제정한 뒤 종교인들에게 헌법을 따르겠다는 맹세를 시켰을 때, 주교급은 거의 전부, 사제급은 절반 가까이 맹세를 하지 않았다. 그리고 이미 외국으로 망명하던 귀족들을 본받아 짐을 싸서 외국으로 떠나는 종교인도 늘어났다. 게다가 교황이 1791년 봄 프랑스 혁명을 맹렬히 비난했다. 이제 세속군주들뿐만 아니라 종교계를 대표하는 교황까지 프랑스의 내정에 분명한 반대의사를 표시했다.

루이 16세와 마리 앙투아네트는 점점 자유를 잃었기 때문에 전쟁이 자신들의 처지를 더 낫게 해줄 것으로 기대했다. 전쟁에 이기면 그 덕에 루이 16세의 지위는 예전처럼 회복될 것이며, 진다 해도 승전국들이 그의 지위를 강제로 되돌려 줄 것이라고 생각했기 때문이다. 왕당파는 외국 망명자들과 내통하면서 반혁명을 조직했고, 그리하여 점점 전쟁을 겪지 않으면 안 된다는 분위기가 무르익었다. 라파예트는 전쟁이 일어나면 총사령관이 되어 자신이 생각하는 불순세력인 자코뱅파를 탄압할 수 있으리라고 계산했다.

좌파 의원들도 전쟁을 바라고 있었다. 로베스피에르Robespierre, 1758~1793는 반대했지만, 당시 영향력을 행사하던 브리소Brissot, 1754~1793는 전쟁을 겁낼 이유가 없다고 말했다. 그는 다른 나라의 인민들이 그들의 정부가 아닌 프랑스의 혁명 이념을 따를 것이라고 말했다. 더욱이 루이 16세가 1791년 12월 14일 입법의회에서, 트리어Trier 지방에 모인 망명객들을 그곳 선제후가 1792년 1월 15일까지 쫓아내지 않으면, 프랑스는 전쟁을 시작할 것이라고 말한 뒤 전쟁은 한걸음에 성큼 다가왔다.

그동안 마리 앙투아네트 왕비의 조카인 프란츠 2세가 오스트리아 대공으로서 신성로마제국의 황제가 되었으며, 그는 평화보다 전쟁을 선택할 스물네 살짜리 젊은이였다. 4월 20일, 모든 분위기가 무르익었을 때 루이 16세는 튀일르리 궁에서 근처의 입법의회로 가서 '헝가리와 보헤미아의 왕'에게 전쟁을 선포했다. 신성로마제국의 모든 나라를 자극하지 않고 전쟁을 치르겠다는 속셈을 보여 준 행동이었다.

장면 16

발미 전투

1792년 9월 20일, 발미Valmy의 풍차 근처 언덕에 모인 프랑스 신병들은 켈레르만Kellermann, 1735~1820 장군의 지휘를 받으면서 브룬스비크 공의 부대의 대포 54문이 퍼붓는 맹공격에 저항했다. 프랑스 군은 침략군보다 수가 많았으나 화력이 부족했다. 그럼에도 애국심으로 뭉쳐 '국민 만세!'를 외치고, 〈아, 잘될 거야Ça ira〉나 〈라 마르세예즈La Marseillaise〉를 합창하면서 버텼다. 다행히 비가 와서 젖은 땅에 떨어진 포탄은 제대로 튀어 오르지 못하여 프랑스 군에게 큰 피해를 입히지 못했다. 이 전투에서 프랑스 군은 약 300명, 적군은 약 180명이 숨졌다. 전쟁 경험도 별로 없는 신병들이 프로이센 침략군을 물리친 것이다. 발미 전투의 승리는 프랑스의 새로운 군대가 자기 존재를 널리 알리는 계기가 되었다.

발미 전투에서 프랑스가 승리한 날은 또 다른 점에서 중요한 날이었다. 입법의회가 마지막으로 모여 호적과 이혼에 대한 법을 통과시켰고, 새로 헌법을 만드는 임무를 띤 국민공회가 첫 회의를 비공

개로 열어 다음 날부터 회의를 이끌 의장과 임원들을 뽑은 날이기
도 하였다. 그처럼 뜻깊은 그날 저녁, 발미에서 '국민 만세!'를 외치
는 프랑스 의용군 앞에서 기가 꺾인 브룬스비크 공은 군대를 독일
지방 쪽으로 돌렸다. 괴테는 그날을 "세계 역사의 새 시대를 여는
날"이라고 표현했다.

Allons retrouver notre Choucroute et nos Crempires

Je croyois m'engraisser a leurs depens mais ils mont renvoye' bien Sec

장면 17

역주행

머리 둘 달린 검은 새 : 어서 가서 우리가 먹던 슈크루트Choucroute나 다시 찾아보세.

프로이센 왕 : 저들의 비용으로 기름지게 먹으려고 작정했더니, 저들은 나를 이렇게 홀쭉하게 만들어 돌려보내는구나.

브룬스비크 공 : 저 빌어먹을 상퀼로트들, 내 칼날이 무딘 것을 다행으로 알아라.

그림에서는 프로이센 왕과 브룬스비크 공이 말을 거꾸로 타고 도주하는 모습을 우스꽝스럽게 그렸다. 프랑스의 구체제 관습법은 매춘부를 벌할 때 어깨에 백합꽃 문양의 낙인을 찍고 노새 등에 거꾸로 앉히고 마을을 돌아다니면서 조롱거리로 만들었다. 이 희화는 1791년 8월 27일 필니츠 선언Declaration of Pillnitz에 참여한 프로이센 왕과, 파리를 완전한 폐허로 만들겠다고 장담하던 브룬스비크 공을 매춘부 같은 지위로 깎아 버렸다.

프랑스를 공화국으로 만들다

8월 11일, 입법의회에서는 국민공회를 구성하는 안을 토의했습니다. 파리에서는 8월 26일부터 거의 1,000명의 선거인을 뽑았고, 이들이 9월 초부터 20일 동안 국민공회 의원 24명을 차례로 뽑았습니다. 이때 새로운 지도자로 이름을 떨치는 로베스피에르, 당통, 마라 같은 사람들이 뽑혔답니다. 다른 도시와 지방에서도 국민공회 의원을 뽑아서 파리로 보냈어요. 의원의 수는 모두 749명이었습니다. 그중에서 96명이 제헌의회, 190명이 입법의회에서 활동하던 사람이었으니, 새로 뽑힌 사람이 3분의 2 정도라는 사실을 알 수 있어요.

9월 20일 오후, 국민공회는 튀일르리 궁에서 처음 모여 비공개회의를 했습니다. 21일에는 튀일르리 궁에 모였다가 입법의회가 쓰던 회의실마네주로 가서 공개회의를 시작합니다. 여기서 당통은 앞으로 헌법을 만들면 반드시 인민의 승인을 받아야 한다고 주장하죠. 그리고 의원들은 왕정을 폐지하기로 결정했어요. 22일에는 이제 왕정을 폐지했고 공화정이 시작되었으니 '자유의 제4년' 대신 '공화국 원년'이라는 말을 쓰자고 결정합니다. 그리하여 1792년 9월 21일 공화국이 공식적으로 섰습니다.

9월 20일은 여러모로 뜻깊은 날입니다. 입법의회가 마지막으로 모이고 국민공회가 처음 모인 날이면서, 동시에 국경을 넘은 오스트리아와 프로이센 연합군을 발미에서 격퇴한 날이기 때문입니다. 그날 입법의회는 호적법과 이혼법을 통과시켰어요. 가톨릭이 국교일 때는 이혼을 할 수 없었는데, 이 법이 나오면서 결혼과 이혼 문제는 종교와 아무 상관없게 되었습니다.

루이 카페를 처형하다

공화국을 선포한 국민공회는 할 일이 태산 같았어요. 먼저, 8월 10일에 폐위시킨 루이 카페 문제를 처리해야 했습니다. 로베스피에르는 국회에서 이렇게 연설합니다.

"루이가 죽어야 나라가 삽니다."

루이 카페를 죽여서 왕당파의 구심점을 없애야 한다는 것입니다. 그래야 국론을 통일하여 혁명을 완수할 수 있을 테니까요.

마침, 루이 카페에게 불리한 증거도 나타납니다. 그는 튀일르리 궁전의 벽에 비밀금고를 설치해 놓고 거기에 온갖 문서와 편지를 보관했습니다. 금고를 설치한 사람이 그 사실을 폭로하면서 밝혀졌지요. 금고에서는 웅변으로 사람들을 감동시켰던 미라보 백작이 루이 16세에게 돈을 받고 활동한 사실을 보여 주는 편지도 나왔답니다.

　루이 카페는 12월 11일 처음 감옥에서 나와 국민공회에서 그가 지은 죄에 대해 심문을 받았습니다. 26일에는 변호사와 함께 국민공회로 나가 자기 무죄를 주장했고요. 그러나 결국 이듬해 1월 중순에는 사형 판결이 났습니다. 사형 당하기 전날 밤, 그는 아래 위층에 살면서도 만나지 못하던 가족을 딱 한 시간 동안 만납니다. 그리고 1793년 1월 21일 단두대^{기요틴}에 올라갔어요.

　왕정을 폐지하고 폐위시킨 왕을 처형한 뒤, 국민공회는 이해하기 어려운 조치를 내립니다. 감옥에 있는 어린 왕세자를 루이 17세라 칭하고, 외국으로 망명한 작은아버지 프로방스 백작을 섭정으로 임명한 것이지요. 섭정이란 왕이 성년이 될 때까지 정치를 도와주는 사람을 뜻하는데, 국민공회의 온건한 의원들이 혁명에 제대로 적응하지 못했음을 보여 주는 한 단면입니다.

장면 18

튀일르리 궁의 비밀금고

　루이 16세의 취미는 베르사유에서 열쇠를 직접 만들어 방문을 열고 다니는 것이었다. 그는 자물쇠공 프랑수아 가맹François Gamain에게 열쇠 만드는 법을 배우면서 즐거워했다. 루이 16세는 어느 날 프랑수아에게 스스로 만든 자물쇠를 보여 주면서 자랑을 하니, 열쇠공은 왕에게 "전하께서 평민이 하는 일을 하시면, 평민은 왕이 하는 일을 하게 됩니다"라고 말했다고 한다.

　루이 16세는 언젠가 튀일르리 궁에서 도망칠 때를 대비해서 보물과 문서를 숨겨 둘 금고가 필요했기 때문에 가맹을 불러 비밀금고를 만들게 했다. 그러나 루이 16세가 제2의 혁명으로 탕플 감옥에 갇히고, 곧 재판을 받을 것이라는 소식을 들은 가맹은 불안해서 내무장관에게 튀일르리 궁에 비밀금고가 있다는 사실을 밝혔다. 당시 내무장관은 지롱드파에 속한 롤랑Roland, 1734~1793이었다. 그는 경솔하게 비밀금고를 열어 거기서 찾은 문서들을 가지고 1792년 11월 20일 국민공회로 갔다.

　이미 죽은 미라보가 왕에게 팔렸음을 확실히 보여 주는 그림처럼, 롤랑이 가맹을 시켜 연 금고에서는 루이 16세의 반역을 증명할 문서들이 나왔다. 그런데 그것은 또한 지롱드파를 공격할 빌미를 제

184

공하는 자료이기도 했다. 지롱드파는 왕을 사형시키자고 결정하면
서도 집행유예를 주장했기 때문에, 무조건 처형해야 한다고 주장하
는 몽타뉴파의 공격을 받았던 것이다. 롤랑이 경솔하게 가맹만 데리
고 금고를 연 것은 분명히 의심을 살 만한 행동이었다.

장면 19

처형 전날 밤

1792년 말, 루이 카페의 재판이 시작되었다. 비밀금고와 그 안에서 나온 문서만 가지고도 이미 그의 반역죄를 물을 분위기는 무르익었다. 게다가 에스파냐의 특사 오카리스의 편지가 지롱드파의 주장을 위축시키고 몽타뉴파의 주장을 더욱 뒷받침하는 계기를 마련했다. 몽타뉴파는 에스파냐와 비밀협상을 벌인 지롱드파 장관들을 궁지에 몰아붙이면서 루이가 죽어 마땅하다고 강조했다.

1793년 1월 2일 로베스피에르는 "루이가 죽어야 나라가 산다"고 말하면서, 사형에 집행유예를 주장하는 지롱드파와 중간에서 눈치를 보는 다수의 평원파에게 "덕은 언제나 소수파에게 있었다"고 강조했다. 비록 그때까지만 해도 국민공회의 소수파에 지나지 않던 몽타뉴파였지만, 파리 민중의 지지를 받으면서 망설이는 의원들을 압박했다. 결국 1월 15일부터 첫 투표를 시작해서 17일 밤 10시 투표 결과를 발표할 때까지 몽타뉴파는 지롱드파의 세력을 조금씩 허물어뜨리면서 자신들이 바라는 방향으로 재판을 몰아갔다.

투표에는 총원 745명에서 이러저런 이유로 투표를 하지 못한 사람과 기권한 사람을 뺀, 721명이 참여하여 361표를 얻는 측이 승리할 수 있었다. 그런데 무조건 사형에 투표한 사람이 모두 366명이었

LES DERNIERS ADIEUX DE LOUIS XVI A SA FAMILLE
le 20 Janvier 1793, veille de son exécution

다. 아버지가 죽기 전에 형이 죽고 아버지마저 먼저 죽었기 때문에
왕세자가 된 루이 오귀스트는 루이 16세로 1774년부터 1792년 8월
까지 18년 동안 왕 노릇을 하다가 파리 코뮌의 죄수, 루이 카페가
된 지 5개월이 지나 사형 선고를 받았다. 하지만 아직 국민공회에게
는 결정해야 할 일이 남아 있었다.

'당장 처형할 것인가, 미룰 것인가?'

1월 19일 열띤 토론을 하다가 이튿날 다시 토론하기로 한 뒤, 결
국 20일에 집행유예를 주장하는 사람보다 당장 처형하자는 사람이
많았다.

　　루이 카페는 마지막으로 3일을 가족과 자유롭게 보낼 수 있게
해달라고 청원했지만, 국민공회는 들어주지 않았다. 단지 마지막으
로 그동안 아래 위층에 살면서도 만나지 못하게 했던 가족을 잠시
만나게 해주었다. 1월 20일 밤 9시, 루이의 가족은 마지막 시간을
보냈다. 가족을 만나는 동안 루이는 아들을 무릎 사이에 끼고 있었
다. 눈물과 흐느낌 그리고 긴 침묵으로 한 시간 남짓 함께 지낸 뒤
헤어졌다. 루이는 아침에 다시 만나자고 말한 뒤, 자기 침실로 가서
자신이 요청한 에지워스 드 피르몽 신부와 함께 기도를 올린 뒤 잠
자리에 들었다. 그림은 루이가 가족과 헤어지는 순간을 표현했다.

루이, 최후의 날

루이는 아침 다섯 시에 일어나 몸단장을 한 뒤 피르몽 신부를 서재로 불러다 한 시간 정도 얘기했다. 그 사이 파리 코뮌의 관리들은 루이의 방에 제단을 차렸다. 루이가 마지막 밤을 자는 동안 그들은 이웃 성당에 가서 미사용 기구를 빌려 왔다. 루이가 마지막 가는 길에 종교의식을 할 수 있게 했던 것이다. 루이는 기도대나 방석도 없이 맨 땅에 무릎을 꿇은 채 성체를 모시고 기도를 올린 뒤 아주 만족했다.

"하느님, 감사합니다. 내 원칙을 지키게 해주셔서 행복합니다."

그가 말한 원칙이란 무엇일까? 마지막 미사를 올렸다는 맥락에서 볼 때, 루이 16세는 자신이 '아주 훌륭한 기독교도le bon chrétien'로 살았다고 말하고자 했던 것은 아닐까? 그의 조상들은 공식 애첩을 두었지만, 그는 '훌륭한 기독교도'로서 부부 중심의 가족생활로 만족했다. 또 그는 할아버지 루이 15세처럼 간음한 적도 없다.

밖이 소란스러워졌다. 신부는 밖에서 각 구의 투사들이 루이를 빨리 처형하라는 듯 북을 두드리는 소리를 들으면서 피가 어는 듯 했지만, 루이는 오히려 침착했다고 회고했다.

"아마 국민방위군을 모이라고 치는 소리겠지요."

　조금 뒤, 기마대가 탕플 안마당으로 들어서는 소리가 났다. 장교들의 목소리와 말발굽 소리가 뒤섞였다. 루이는 다시금 냉정하게 말했다.

　"그들이 가까이 온 것 같네요."

　신부가 입을 떼지 못하는 상황을 루이는 침착하게 넘기는 듯했다. 사실, 남는 자가 떠나는 자를 보낼 때의 상황이 모두 이와 같지 않을까? 남는 자는 두고두고 슬퍼할 수 있기 때문에 될수록 말을 아끼고, 떠나는 자가 어색한 침묵을 애써 깨뜨리면서 남는 자를 위로하는 모습을 우리 주위에서도 흔히 본다.

　루이는 신부와 함께 마차에 올랐다. 그는 가족에게 아침에 다시 만나자던 약속을 지킬 수 없었다. 그를 보려고 몰려든 사람들은 루이를 온갖 방식으로 모욕했다. 그를 실은 초록색 마차는 탕플 감옥에서 처형장인 혁명광장까지 장례식 행진의 속도로 천천히 나아갔다. 루이와 신부는 〈시편〉을 번갈아 가면서 암송했다.

"여호와여, 나의 대적이 어찌 그리 많은지요. 일어나 나를 치는 자가 많소이다."

짧은 길을 지루할 정도로 길게 갔다. 초록 마차가 지나는 길에는 온통 창이나 소총으로 무장한 시민들이 겹겹이 서 있을 뿐이었다. 마차의 바로 앞에는 기마대가 서고, 그 앞에서 북잡이 부대가 요란하게 북을 치면서 앞을 헤쳐 나갔다. 북을 치는 이유는 행렬의 질서를 유지하려는 뜻도 있었지만, 루이 16세를 동정하는 사람들이 뭐라고 외치더라도 그 소리를 눌러 버리려는 의도가 있었다. 그러나 보통 시민을 문밖에 얼씬거리지 못하게 막아 놓았으니, 왕당파가 있다 해도 어떻게 외칠 수 있겠으며, 마차에까지 그 소리가 들리겠는가?

이제 마차가 단두대를 설치한 광장에 도착했다. 루이 16세의 할아버지 루이 15세의 동상은 사라지고, 그 대신 '국민의 면도칼'이 서 있었다. 루이가 마차에서 내리자마자 망나니 세 명이 그를 둘러쌌다. 망나니는 전통적으로 상송 가문의 직업이었다. 그날 형을 집행할 샤를 앙리 상송Charles-Henri Sanson은 이 가문의 제4대 망나니로서, 기요틴을 발명할 때도 한몫을 했다. 그와 두 아들이 루이의 옷을 벗기려 했지만, 루이는 당당하게 그들을 물리치더니 제 손으로 옷을 벗었다. 그들은 이제 루이의 손을 묶으려 했다. 루이가 재빨리 손을 빼면서 "도대체 무슨 일이요?"라고 묻자, 그중 한 명이 "당신을 묶어야 합니다"라고 말했다.

"나를 묶는다고? 아니, 절대 그렇게 하도록 내버려 두지 않겠소. 당신이 명령받은 대로 하면 그만이지, 나를 묶을 생각은 마시오."

루이는 에지워스를 보았다. 그는 어떻게든 충고를 해야 했다.

"전하, 지금 당하시는 능욕을 보면서, 저는 전하와 하느님이 닮은 점을 발견할 뿐입니다. 그리고 하느님은 전하에게 보답해 주실 겁니다."

에지워스는 루이에게 예수가 당한 모욕과 고통을 생각하게 만들었다. 루이는 고통스러운 표정으로 하늘을 올려다보면서 말했다.

"맞습니다. 하느님이 보여 주신 본보기만이 내가 겪는 이 모욕을 견딜 수 있게 해주지요."

그러더니 곧 망나니들에게 몸을 맡겼다.

"당신들 마음대로 하시오. 나는 어떤 괴로움도 끝까지 견디겠소."

망나니들은 루이의 손을 묶고, 가위로 뒷머리를 잘랐다. 그러고 나서 그를 단두대 칼날 아래로 들이밀었다.

▬ 혁명기 경제생활

혁명기에는 인구의 대다수가 경제적으로 어려웠습니다. 혁명 전과 비교해서 더 나아진 것이 없었죠. 프랑스는 농업국가였기 때문에 농사를 잘 지어야 형편이 조금 나아질 뿐이었습니다. 영국에서는 이미 산업혁명이 일어나고 옷감을 값싸게 만들어 냈기 때문에 프랑스의 직조업은 망했어요. 방데의 난은 숄레에서 처음 일어났는데, 그곳의 직조공들은 영국과 경쟁에서 밀렸기 때문에 살길이 막막하던 차에, 혁명세력이 추진하는 종교정책에 불만을 품고 들고일어났던 것입니다.

먹고사는 일만 하더라도 막대한 물자가 필요했습니다. 화학자로 유명한 라부아지에Lavoisier, 1743~1794는 1789년 파리 시민이 한 해 동안 얼마나 먹는지 계산했어요. 인구 60만 명이 빵 10만 톤, 황소 7만 마리, 암소 18만 마리, 송아지 12만 마리, 양 36만 마리, 돼지 3만 5,000마리, 포도주 7,000만 리터를 소비해야 했죠. 그러나 혁명기 파리에서는 겨우 하루를 버틸 수 있는 밀가루를 쌓아 두는 경우가 많았어요. 사람들은 누군가 밀이나 밀가루를 쌓아 놓고 값을 올린다고 생각했습니다. 굶주린 사람들은 그들을 찾아 나섰고, 의심스러운 사람을 잡아서 죽이기도 했어요.

노동자의 하루 일당은 20수를 넘기 어려웠습니다. 그런데 빵 값은 두세 배나 치솟고, 식료품 값도 치솟았어요. 빵가게, 반찬가게 앞에는 사람들이 죽 늘어서서 차례를 기다렸지만, 비싼 값을 주고서도 원하는 만큼 물건을 구하기 어려웠죠. 그래서 가난한 사람들은 혁명정부에 빵을 달라, 일자리를 달라, 빵 값을 고정시켜라, 같은 요구를 합니다.

어떤 분들은 이렇게 생각하실 수 있습니다.

'가난한 사람들은 언제나 뭔가를 요구하는데, 과연 그들에게 그럴 권리가 있을까?'

오늘날 우리나라에도 해당하는 일입니다. 가난한 사람들이 요구한다고 국가가 뭐든 해주어야 하느냐고 생각하는 사람들이 많으니까요.

옛 프랑스에서 가난한 사람은 어땠을까요? 귀족은 일을 하지 않고 떵떵거리면서 살았습니다. 수도성직자는 직접 농사를 짓고 목공일도 하면서 살았지만, 성직자 가운데 절반 이상이 생산에 참여하지 않으면서도 여느 평민보다 더 잘살았고요.

1793년 어떤 이가 소매상, 노동자, 무직자 등의 상퀼로트를 옹호하는 글을 썼습니다.

"그들은 항상 걸어 다닌다. 모든 사람이 갖고 싶어 하는 재산을 한 푼도 가지지 못했다. 성이나 으리으리한 저택도 없고 하인도 없다. 그저 아내와 자식을 데리고 소박하게 산다. 사는 곳은 기껏해야 5층이나 6층의 작은 방이다. 그럼에도 그들은 아주 유익한 존재다. 그들은 밭을 갈고, 칼을 벼리고, 톱질하고, 줄질하며, 지붕을 덮고, 신발을 만들고, 마지막 피 한 방울까지 공화국을 구하는 데 바치기 때문이다."

가난한 사람들은 열심히 노력해도 가난했습니다. 그들은 보통 가족 서너 명을 먹여 살려야 했는데, 임금은 오르지 않고 빵 값이 치솟았습니다. 왕정 시대에 그들은 가끔 반란을 일으켰지만, 곧 평소의 질서로 되돌아갔어요. 그러나 이제 그 시절을 구체제로 정의하고 새로운 체제를 만들겠노라 선언한 사람들이 법을 만드는 시대가 되었습니다. 가난한 사람들은 국회 활동에 희망을 걸고 왕의 군대가 의원들을 해치지 못하게 보호했어요. 그리고 외국군이 국경에 쳐들어왔을 때는 가족을 두고 전방으로 갔습니다. 이런 사람들의 요구에 귀를 기울이지 않을 수가 없겠죠?

혁명이 경제생활에 미친 영향에 대해서도 살펴보겠습니다. 먼저, 도시민 가운데 금리생활자는 망했어요. 그들은 왕에게 돈을 빌려 주고 이자를 받아서 생활하던 사람들이죠. 그런데 혁명기에는 아시냐Assignat라는 돈이 새로 생겨서 그걸로 이자를 받았습니다. 아시냐는 원래 채권이었다가 돈이 된 것인데, 가치가 형편없이 떨어졌어요. 종이쪽에 인쇄한 것, 즉 돈이 힘을 얻으려면 국가가 안정되어야 합니다. 오늘날 우리나라, 중국, 일본, 미국, 유럽 공동체의 돈도 날마다 가치가 바뀌지만, 혁명기 아시냐의 가치는 굉장히 불안정했습니다. 짧은 시간에 가치가 절반이나 떨어졌으니까요. 심지어 감옥에서도 아시냐를 위조했기 때문에, 간수와 죄수를 잡아 내느라 애를 먹었답니다.

관직보유자도 막대한 손해를 보았어요. 옛날에 왕은 관직을 팔아 돈도 벌고 인재도 구했습니다. 주로 대학교에서 법학을 공부한 평민이 관직을 사서 문관이 되었고, 봉급을 받았어요. 봉급은 관직을 살 때 지불한 돈의 이자였지요. 18세기에는 1년 이자가 8퍼센트 정도일 때가 있었습니다. 게다가 그의 관직은 재산이기 때문에 대물림할 수 있었어요. 그러니까 대대로 이자를 받으면 당대나 그 다음 대에는 이미 원금을 회수하고 남는 장사였죠. 그런데 혁명이 시작되자 이러한 제도는 폐지되었습니다. 관직보유자는 이제 꼬박꼬박 들어오던 수입이 끊겼어요.

변호사와 의사도 피해자가 되었습니다. 구체제에는 직업인 단체가 있었기 때문에 단체에 가입한 조합원의 권익을 보호해 주었지만, 이제 그러한 단체는 모두 해체했어요. 그래서 변호사와 의사는 수많은 돌팔이와 경쟁하게 되었죠. 그래서 오늘날에도 변호사와 의사는 수를 늘리는 문제에 민감할 수밖에 없습니다. 그리고 보르도, 낭트, 마르세유 같은 항구의 무역업자와 선주들은 내란과 해상 전쟁에 휩쓸렸어요.

종교인이 아마 가장 큰 피해자였을 것입니다. 수도원을 해체하고, 주교의 수를 50여 명 줄이고, 교회 재산을 국가가 마음대로 처분하는 대신, 모든 종교인에게 봉급을 주기로 했으니까요. 귀족은 어땠을까요? 혁명 초기에 급히 돈만 챙겨 가지고 외국으로 망명한 사람들은 프랑스에 남겨 둔 재산을 포기해야 했어요. 또 1789년 8월 4일 밤, 귀족은 봉건적 권리와 모든 특권을 잃었고, 1790년 6월 23일에는 국민의회가 세습 귀족제를 폐지하는 법을 제정했어요.

그런데 혁명은 가난한 사람을 위해서도 한 일이 없습니다.

제헌의회는 빈민구제위원회를 만들어 교회가 하던 일을 대신하게 했어요. 그들은 가난한 사람을 국가가 보살펴 주는 계획을 세웠지만 아무런 성과도 없었습니다. 경제적 위기와 재정상의 잘못으로 돈이 없었기 때문이죠. 노동자와 농민은 혁명이 일어나도 별다른 혜택을 받지 못했어요. 혁명으로 목숨을 잃은 사람 가운데 귀족이나 성직자보다는 농민과 노동자가 훨씬 많았음에도 말이죠. 농민은 국가가 교회의 토지를 팔 때도 돈이 없어서 농토를 구하지 못하자 화가 났어요. 그래서 들고일어났다가 목숨을 잃기도 했습니다.

또 혁명은 노동자를 위해서도 별로 한 일이 없습니다. 1789년 8월 4일 밤 국회는 모든 직업인 단체를 폐지합니다. 소수만을 위한 단체를 폐지한 의도는 좋았지만, 급진적인 혁명가 마라도 정책에 반대했습니다. 질서가 급격히 무너질까 두려웠던 것이죠. 그 뒤, 법으로 노동의 자유를 선언하면서 직업의 세계는 더욱 혼란스러워졌어요. 일감은 적은데 수많은 사람이 일을 맡으려고 달려들면서 질서가 무너졌기 때문입니다.

사방에서 노동자들이 시위를 벌였습니다. 집단 행위가 점점 늘어나자 파리 코뮌은 1791년 4월 29일, 모든 사람이 자유를 누릴 수 있으며 노동자만이 일정한 급료를 받는 것은 부당하다고 선언합니다. 제헌의회에서는 1791년 6월 14일, 르 샤플리에Le Chaplier가 제안한 법안을 통과시켰어요.

"그 어떤 노동자도 자신의 노동을 일정한 값에 제공하기 위하여 조합을 만들지 못한다."

이 법은 장인·노동자·직공·일용직 노동자의 집회를 강제로 해산할 수 있는 근거가 됩니다. 노동자가 봉급을 올려 달라는 시위를 할 수 없게 만든 법이죠. 그래서 노동자들은 임금을 높이는 대신 필요한 식료품의 가격을 제한해 달라고 요구하게 되었습니다. 공포정 시대에는 형편이 더욱 나빠집니다. 모든 생활필수품을 구하기 어려웠어요. 구체제 시대부터 가난한 사람들은 이런 기도를 하며 살았습니다.

"주여, 우리를 전쟁과 질병과 굶주림에서 구해 주소서."

이 기도문은 공포정 시대에도 별로 효과가 없었습니다. 그렇다고 혁명기에 모두가 경제적으로 손해를 보고, 아무도 이익을 보지 못했을까요? 물론 더 잘살게 된 사람도 있었어요. 예나 지금이나 전쟁으로 나라가 망하는 판에도 돈을 버는 사람은 있기 마련입니다. 국가 재산을 산 사람들은 혁명의 승리자가 되었어요. 주로 파리를 둘러싼 지방을 가리키는 일 드 프랑스와 남동부 그리고 대체로 도시 근처에서 부르주아들이 국가 재산을 압도적으로 많이 샀어요. 아시냐의 가치가 떨어질 때도 거기서 이득을 보는 사람은 있었습니다. 투기꾼은 언제나 돈을 버는 방법을 압니다. 오늘날 주식시장에서 소위 '큰손'이라는 거대자본가들이 쉽게 망하지 않는 것과 같은 이치죠.

군납업으로 부자가 된 사람도 있었습니다. 국가 비상사태가 벌어지고 부패한 사람들 때문에 모든 통제가 사실상 불가능해졌기 때문이지요. 비양심적인 군납업자는 병사들에게 형편없는 물건을 공급하고 대신 막대한 재산을 모았어요. 예나 지금이나 돈을 가진 사람은 나쁜 상황도 자신에게 유리하게 이용합니다. 혁명기라도 모든 사람이 청렴하진 않으니까요. 어느 사회나 이타적인 사람을 길러 내야 하지만 참 어려운 일입니다. 하지만 소중하고 중요한 일이죠.

3부
공포정치와 보수의 반격

"나는 10만 명의 목숨을 구하려고
한 사람을 죽였습니다."

지롱드파와 몽타뉴파가 등을 돌리다

국민공회 의원은 모두 그때까지 혁명에 찬성했습니다. 의원들은 새로운 헌법을 만들면서 행정과 사법을 지배하기 시작했어요. 그러나 이미 여러 차례 비슷한 사례를 보았듯이, 힘을 합쳐 혁명을 시작했던 사람들이 서로 등을 돌리기 시작했어요. 특히 지롱드파와 몽타뉴파의 권력투쟁이 두드러졌습니다.

지롱드파는 국민공회를 수립하기 전부터 루이 카페를 재판하기 전까지 정치적으로 우세했어요. 그러나 그들보다 조금 더 급진적인 몽타뉴파는 루이를 재판하는 과정에서 지롱드파를 몰아세우면서 왕을 처형하는 결과를 이끌어 냅니다. 몽타뉴는 산을 뜻하는데, 이 파에 속한 의원들이 회의장의 높은 자리에 앉았기 때문에 붙은 이름이지요. 몽타뉴파는 파리의 과격한 정치모임을 주도했습니다. 이들은 혁명을 좀 더 철저히 진행하여 도시 노동자와 빈민 그리고 농민까지 만족해야 한다고 믿었기 때문에 상퀼로트의 지지를 받았어요.

두 파 사이에 있던 중도파를 평원파^{la Plaine}라 부르는데, 이들이 어느 편을 드느냐가 표결에서 중요한 변수였습니다. 그동안 지롱드파의 편을 들던 평원파가 1793년 봄부터 몽타뉴파의 편에 가담하기 시작했어요. 국민공회 밖에서는 파리의 민중이 시위하고, 안에서는 방청객이 압력을 넣는 데 영향을 받지 않을 수 없었죠.

장면 21

1793년 몽타뉴파 지도자들

1. 당통

2. 마라

3. 카미유 데물랭

4. 앙리오

5. 콜로 데르부아

6. 에베르

7. 쿠통

8. 생쥐스트

9. 푸키에 탱빌

10. 로베스피에르(형)

11. 메를랭 드 티옹빌

12. 페티옹

13. 카리에

14. 루이 다비드

15. 르펠티에

16. 조제프 르봉

17. 르장드르

18. 비요 바렌

19. 로베스피에르(동생)

20. 셰니에

21. 바디에

국민공회 의원 745명 가운데 1793년 여름의 몽타뉴파는 약 200명가량이었다. 그중에서 가장 영향력을 행사한 사람들을 한자리에 모았다.

혁명재판소를 설치하다

　루이 16세를 처형한 뒤, 영국과 프랑스는 사이가 틀어집니다. 영국은 전쟁을 바라지 않았지만 국민공회가 전쟁을 선포합니다. 3월에는 에스파냐, 프로이센, 오스트리아, 이탈리아의 도시국가들, 신성로마제국의 주요 공국들이 모두 프랑스와 싸우게 됩니다. 이때 프랑스와 싸운 나라들의 동맹을 제1차 동맹이라고 하죠. 처음에는 프랑스의 패배로 쉽게 결판이 날 것 같은 전쟁이었지만, 거의 10년을 끌 정도로 프랑스는 잘 싸웠습니다.

　국민공회는 2월 24일 병사 30만 명을 동원하는 법을 통과시킵니다. 이에 반발하여 방데 지방에서 혁명에 반대하는 불길이 솟아올라 다른 곳으로 번져 나갔어요. 이렇게 비상사태가 벌어지자, 국회는 3월 10일 파리에 강력한 혁명재판소를 설치했어요. 전에도 반역자나 반혁명 세력을 처단하는 재판소가 설치되었다 폐지되기도 했었지만, 이번에 설립한 혁명재판소는 가장 강력한 재판소였습니다. 판사 5명과 추첨으로 뽑는 배심원 12명 그리고 검사 1명과 그 보조원 2명을 두었는데, 그 가운데서도 검사 푸키에 탱빌Fouquier-Tinville은 저승사자 같은 존재였어요.

파리처럼 지방에서도 혁명재판소를 설치했어요. 1794년까지 1만 6,594명을 처형했는데, 그중에서 파리 혁명재판소가 처형한 사람은 2,747명으로 15퍼센트가 넘었습니다. 전국이 83개 지역으로 나뉘져 있음을 생각하면 상당한 숫자죠. 그만큼 파리가 혁명의 중심지였다는 뜻입니다. 혁명재판소는 공포정치의 중요한 도구였습니다. 이 공포정치에 대해서는 조금 뒤에서 더 알아보겠습니다.

구국위원회를 설치하다

'공안위원회'라는 말을 들어 보셨나요? 일본에서 들어온 말이고 제대로 옮긴 말이 아니라서, 여기서는 '구국위원회'라고 부르겠습니다. 당시 위원회를 설치한 사람들의 마음으로 생각해 보시기 바랍니다. 그들은 어떻게 하면 국가 비상사태에 잘 대처해서 나라를 구할 수 있을까 고민했어요. 그래서 '공안위원회'라는 말도 영 틀린 말은 아니지만, '구국위원회'가 더 적절한 말입니다. 혁명기 사람들은 말했어요.

"조국이 위험하다. 그러므로 나라를 구하자."

1793년 4월, 큰일이 벌어졌습니다. 1792년 발미 전투를 승리로 이끌고, 계속 잘 싸워 준 뒤무리에^{Dumouriez, 1739~1823} 장군이 국민공회의 정책에 반대하다가 마침내 오스트리아 군에게 넘어간 것이죠. 장군은 부하들에게 국민공회로 진격하여 자코뱅파를 몰아내자고 설득했어요. 그는 프랑스가 1791년에 제정한 헌법을 되살려 입헌군주정으로 돌아가기를 원했습니다. 그러나 부하들이 따르지 않자 조국을 배반했답니다.

이 사건은 혁명을 다시 한 번 과격하게 만드는 계기가 됩니다. 몽타뉴파의 지도자 로베스피에르는 뒤무리에 장군이 지롱드파와 특별한 관계가 있는 사람이라면서 공격을 퍼부었어요. 지롱드파는 몽타뉴파에 속한 필리프 에갈리테^{Philippe Egalite}의 아들이 뒤무리에와 함께 나라를 배반했다고 맞불을 놓았고요.

필리프 에갈리테는 루이 16세의 사촌이며, 원래 오를레앙 공작 필리프였어요. 그의 저택이 파리 혁명의 중심지로 떠올랐던 팔레 루아얄^{왕궁}입니다. 그는 몽타뉴파와 가까이 지내면서 이름도 바꾸어 옛날 왕족의 당당한 이름을 버리고, 혁명의 이름인 '평등^{에갈리테}'을 쓰기로 하였어요. 팔레 루아얄도 그 뒤로 팔레 에갈리테가 되었고요.

지롱드파와 몽타뉴파가 서로 공격하는 이유를 들여다보면 때로는 큰 차이가 없었습니다. 그러나 그 사소한 명분이 점차 목숨을 거는 투쟁을 불러옵니다.

구국위원회 얘기로 돌아가 보겠습니다. 구국위원회는 그동안 여러 가지 긴급조치가 나온 뒤 4월 6일 설치되었어요. 처음에는 위원 9명이 국민공회와 장관들을 연결하는 역할을 맡았지만 사실상 행정부 노릇을 하였죠. 위원의 임기는 한 달이었지만 다시 뽑힐 수도 있었습니다. 이 위원회는 지롱드파가 몽타뉴파에게 진 뒤부터 아주 중요한 기구가 되어 혁명을 주도하게 됩니다. 이야기는 1793년 7월 말 로베스피에르가 구국위원회에 들어가면서 다시 시작됩니다.

지롱드파가 몰락하다

지롱드파는 중요한 장관직을 장악합니다. 지롱드파는 오랫동안 통제정책을 외면했어요. 통제정책이란 물가를 낮추고 임금을 올리는 정책입니다. 몽타뉴파는 지롱드파가 통제정책을 쓰지 않는다고 비난했습니다. 게다가 30만 명에 대한 동원령을 내린 뒤 여기저기서 혁명에 반대하는 봉기가 일어나자, 몽타뉴파는 지롱드파가 온건한 정책을 썼기 때문에 국내 정치를 망쳤다고 비난하죠. 몽타뉴파는 파리 코뮌의 지지를 받으며 더욱 세력을 불려 나갑니다.

구국위원회는 몽타뉴파의 지배를 받기 시작했고, 또 파리 코뮌과 몽타뉴파가 서로 뜻이 맞았습니다. 지롱드파는 몽타뉴파의 지도자 마라를 고발했지만, 마라는 무죄판결을 받고 풀려나 파리 상퀼로트의 환영을 받았어요. 이제 도리어 지롱드파가 맞바람을 맞았습니다. 5월 10일, 국민공회는 튀일르리 궁에 마련한 회의장으로 이사합니다. 그런데 파리 코뮌이 동원한 국민방위군은 5월 31일 회의장 앞에 대포를 설치하고, 지롱드파의 지도자들을 체포하라고 요구하는 일이 발생했습니다. 왜 이런 일이 일어났을까요?

파리 상퀼로트 시위대 6,000명은 지난 5월 1일, 밀 값을 정해 달라고 요구합니다. 그러나 지롱드파는 몽타뉴파와 타협하여 12인위원회를 만들어 파리 코뮌의 활동을 조사하게 했습니다. 이 위원회는 파리 코뮌의 검사 보조로 활동하면서 지롱드파를 공격하던 에베르^{Hébert, 1757~1794}와 바를레^{Varlet, 1764~1837}를 체포해서 감옥에 보냈어요. 이런 일이 있은 뒤, 파리 코뮌은 국민공회에서 지롱드파를 몰아내기로 결심했던 것입니다. 그러나 5월 31일 공격에서 얻은 성과는 단지 12인위원회를 해체하는 일에 그쳤습니다. 파리 코뮌은 6월 2일 국민공회를 더 거세게 공격했죠.

6월 2일, 마치 지난해 8월 10일과 같은 일이 일어납니다. 그때는 왕을 체포하려고 공격했다면, 이번에는 국민의 대표들을 체포하려 했다는 것이죠. 파리의 국민방위군 7만 명이 의회를 포위하고, 코뮌의 지도자들이 국민공회에 들어가 청원서를 읽었습니다.

"국민공회의 반도들이 저지른 범죄를 여러분은 잘 압니다. 오늘 마지막으로 그들을 고발하러 왔으니, 당장 그들을 체포하도록 명령해 주시기 바랍니다."

그때, 국민공회에는 '여성공화주의자 협회'라는 단체도 나라를 구할 조치를 취해 달라고 청원했어요. 의장이 의원들의 의견을 물어야 한다고 망설이자, 파리 코뮌 대표들은 회의실을 떠나면서 외쳤어요.

> "모두 돌아갑시다. 그리고 인민의 대표인 국민공회가
> 국가를 구하려 들지 않으니, 우리가 구합시다! 무기를
> 듭시다."

사태가 급하게 발전하자, 의원들은 파리 코뮌이 고발한 지롱드파 의원 22명, 12인위원회 위원들, 재무장관 출신 클라비에르, 외무장관 출신 르브룅을 모두 체포하는 법을 통과시켰어요. 또다시 파리 코뮌이 국민의 대표들을 누르고 승리한 것입니다. 그 결과로 지롱드파는 철저히 탄압받았습니다. 지롱드파 지도자들이 잡히고, 그들과 친하던 의원들마저 감옥에 갇혔어요. 이제 몽타뉴파가 국민공회와 구국위원회를 지배하게 되었죠.

1793년 헌법을 제정하다

　6월 2일에 지롱드파 지도자 22명이 국민공회에서 제거된 뒤, 몽타뉴파는 급하게 헌법을 다시 만들었습니다. 지롱드파와 가깝게 지내던 의원들이 반발했지만 소용없었어요. 그리하여 국민공회는 6월 24일 헌법을 채택하고, 27일에는 국민투표에 부치기로 결정합니다. 오늘날과 달리 이때 국민투표는 지방마다 다른 날 치러졌습니다. 마침내 8월 10일, 국민투표 결과가 발표됩니다. 이날은 왕정을 폐지하는 제2의 혁명이 일어난 날이며, 공화국의 통일을 축하하는 의미가 깊은 날이었어요. 이 헌법을 공화력 제1년 헌법이라고 부릅니다.

　잠시 공화력이 무엇인지 알아보고 지나가겠습니다. 10월 5일, 국민공회는 정치적으로 또 종교적으로 과거와 관계를 끊으려고 달력을 새로 만들었어요. 먼저 일 년 열두 달의 이름을 안개의 달·눈의 달·수확의 달처럼 계절의 변화에 맞게 지었습니다. 그리고 1달을 3주로, 1주를 10일로 나누었죠. 각 10일

은 단순하게 제1일, 제2일…… 제10일이라고 불렀고요. 제10일
은 휴일이며 축제의 날입니다. 1년의 마지막 5일(윤년은 6일)은 상
퀼로트의 날이라고 불렀습니다. 국민공회는 '공화국 원년'을 선
포한 1792년 9월 22일을 공화력 원년 제1월 초하루로 정합니
다. 그래서 1793년 6월 24일에 나온 헌법을 공화력 제1년 헌법
이라 부르게 됩니다.

국민공회는 국내외 전쟁이 모두 끝나고 평화가 올 때까지
이 헌법을 적용하지 않겠다고 결정했습니다. 그래서 이 헌법
도 1791년의 헌법처럼 결코 시행되지 못했어요. 그럼에도 혁명
의 흐름을 이해하는 데 필요하니까 내용을 잠시 들여다보겠
습니다.

국민공회는 '인간과 시민의 권리선언문'도 새로 붙였습니다.
여기에는 보통선거, 노동권, 교육 받을 권리, 청원권, 행복추구
권이 덧붙였으며, 정부가 국민의 다수가 원하는 일을 하지 못
할 때 국민에게는 반란을 일으킬 권리가 있음을 밝히고 있습
니다. 또 시민들이 입법 활동에 늘 참여할 가능성을 주어 국
민공회의 권력을 제한하려 하였지만, 사실 그것은 현실적으로
어려웠어요. 아무튼 이 헌법은 먼저 제정한 것이나 그 다음에
제정할 것보다 더 민주적이었습니다.

프랑스의 정령

가운데 프랑스의 정령이 지구 위를 날고 있다.

그의 날개는 삼색으로 물들어 있고, 머리에는 불꽃이 있어 그가 정령임을 보여 준다.

정령의 왼쪽에는 죽음이 긴 낫을 어깨에 걸치고 있다.

프랑스는 죽음의 위협을 어떻게 벗어날 것인가?

정령의 오른쪽에는 공화국을 상징하는 여성이 희망을 보여 준다.

오른손에 든 붉은 모자는 자유, 왼손에 든 직삼각형의 자는 평등, 층계 옆에 눕혀 놓은 다발은 우애 또는 단결을 각각 상징한다. 다발의 위에는 뱀이 꼬리를 문 채 영원을 상징한다.

샤를로트 코르데가 마라를 죽이다

《인민의 벗》이라는 신문을 발행한 마라는 프랑스와 국경을 맞댄 스위스의 뇌샤텔Neuchâtel 공국에서 태어난 의사였지만, 프랑스에서 활동하다가 혁명의 지도자가 되었습니다. 특히 과격한 사람이었던 그는 이렇게 말합니다.

"작년에 500명만 죽였어도 우리는 자유롭게 되었을 텐데, 올해는 1만 명을 죽여도 힘들게 되었다. 몇 달 안에 10만 명을 죽인다면, 놀라운 일이 일어날 것이다."

사실 1792년 9월의 학살을 선동한 책임도 그에게 물을 수 있습니다. 그는 국민공회 의원으로 뽑혀 몽타뉴파에 가담했어요. 그러나 같은 파의 사람들도 그가 너무 과격해서 놀라곤 했습니다. 그는 지롱드파가 국민공회에서 체포된 뒤에도 계속 신문에 반역자를 처단하라고 선동합니다. 마라는 피부병을 앓았기 때문에 집에서 약물에 몸을 담그고 글을 썼습니다. 그렇게 혼자서 신문을 발행했죠. 그는 자신이 다른 사람과 어울리지 않는 이유를 이렇게 말했어요.

"독수리는 홀로 다니지, 잡새들과 함께 놀지 않는다."

파리 북쪽의 작은 도시 캉Caen에서 샤를로트 코르데는 마라를 죽이겠다고 결심하고 파리로 향했습니다. 칼을 사서 품고, 마라에게는 반역자 명단을 넘겨주겠다고 핑계를 대며 접근했죠. 그날도 마라는 약물에 몸을 담근 채 글을 쓰고 있었습니다. 샤를로트는 명단을 넘겨주는 척하면서 칼로 마라를 찔러 죽이고는, 도망치지 않고 순순히 잡혀서 재판을 받았습니다. 이 여성이 마라를 죽인 날은 1793년 7월 13일입니다. 혁명 기념일 전날 지도자의 목숨을 앗아간 것은 그 나름의 뜻이 있겠죠?

재판부는 여성인 샤를로트가 그런 엄청난 일을 혼자서 꾸몄을 리 없다고 생각하면서 공범을 캐려고 노력했지만, 샤를로트는 혼자서 저지른 일이라고 당당하게 말했습니다.

"나는 10만 명의 목숨을 구하려고 한 사람을 죽였습니다."

샤를로트는 7월 17일, 스물다섯 살이 되기 10일 전에 처형 되었습니다. 파리 상퀼로트는 혁명의 지도자 마라를 잃고 몹시 아쉬워합니다. 마라는 그들의 대변자요 우상이었기 때문 이죠.

마라를 죽인 샤를로트 코르데

1793년 1월 21일 루이 16세를 처형한 뒤, 국내외 정세는 더욱 불안해졌다. 프랑스 공화국은 2월 1일 영국에게 전쟁을 선포하고, 24일 30만 동원령을 내렸다. 브르타뉴의 왕당파가 들고일어나고, 방데 지방에서는 의용군 모집에 반대하는 폭동이 일어났지만, 국민공회

는 3월 9일 30만 명 동원령을 효과적으로 실시하려고 각 도마다 의원을 파견하는 한편, 3월 10일 혁명재판소를 설립했다.

한편, 왕을 처형한 데 불만을 품은 뒤무리에 장군이 3월 27일부터 혁명정부에 반기를 들더니 4월 5일에는 오스트리아 군에 투항했다. 그날 마라는 자코뱅 클럽의 의장으로 뽑혔고, 국민공회는 4월 6일 구국위원회를 설립했다. 이처럼 1793년은 시작부터 국내외 정세가 몹시 불안했다.

1792년 8월 10일 제2의 혁명으로 정치무대에 끼어들기 시작한 파리의 수동시민들이 1793년에는 더욱 힘을 과시했다. 더욱이 그들은 '인민의 벗' 마라 같은 지도자를 따르면서 국민공회에서 지롱드파 지도자들을 체포하라고 압박했다. 5월 30일, 국민공회를 포위하고 시위하던 그들은 6월 2일에는 더욱 강하게 국민공회를 압박하여 지롱드파 지도자들을 체포하는 안을 통과시켰다. 지롱드파 지도자 가운데 용케 피신한 사람들은 자신들에게 우호적인 지방 도시로 도피했다.

노르망디의 몰락한 귀족 집안에서 태어난 코르데는 캉의 친척 집에 살다가 그 도시로 피신한 지롱드파 지도자들을 만났다. 그는 마라가 툭하면 수많은 사람을 죽이라고 선동하는 것을 안타깝게 여기고, 마라를 죽이겠다고 결심했다. 혼자 파리로 가서 마라에게 반혁명분자의 명단을 전해 주겠다고 속이면서 접근했다. 마라는 한때

지하도에서 살았기 때문에 악성 피부병을 앓고 있었고, 1793년 7월 13일에도 약물을 담은 욕조에 들어 앉아 자신이 발행하는 신문《인민의 벗》에 실을 기사를 쓰고 있었다. 코르데는 품고 간 단도로 마라를 찔러 죽인 뒤에 도망치지 않고 현장에서 순순히 잡혔다.

혁명재판소는 코르데가 혼자 여행하고 혼자 살인 계획을 세우고 실현했다고 믿지 않았고 계속 공범을 추궁했다. 하지만 코르데는 자기 혼자 한 일임을 강조하면서, 자신은 마라 한 사람을 죽임으로써 수 만 명을 살릴 수 있었다고 당당히 말했다. 그가 바스티유 정복 기념일, 연맹제 기념일 전날을 거사일로 정한 것은 우연인지 아닌지 잘 모르겠지만, 7월 14일 마라는 혁명의 순교자가 되었고, 코르데는 악녀가 되었다. 혁명재판소는 공범이 없이 처녀가 혼자서 그런 일을 할 까닭이 없다고 믿은 나머지 그의 시신을 검사했지만, 그의 순결을 밝히는 것으로 끝났다. '마라의 죽음'을 아름답게 그린 자크 다비드도 검시관으로 참여했다.

내전의 불길이 거세지다

방데에서 혁명정부에 반대하는 반란이 일어났고, 파리에서 국민공회가 지롱드파를 체포한 뒤에도 반란의 불길이 더 많은 지역에 번집니다. 샤를로트의 집이 있는 캉도 반란자의 편에 가담한 도시였죠. 마라 살해 사건은 이처럼 혁명에 반대하는 지방민들이 전국 각지에서 반란을 일으켰을 때 발생한 일이었습니다. 노르망디, 보르도, 리옹, 마르세유에서도 반란이 일어났어요. 그들은 전국의 83개 행정구역이 똑같은 권리를 가졌는데도, 파리가 공화국을 대표하려 하면서 무정부 상태를 초래했다고 주장했습니다. 그러나 국민공회는 프랑스 공화국이란 '하나이며 쪼갤 수 없는' 나라인데, 그들은 나라를 분열시키는 '연방파 또는 연방주의자'라면서 탄압합니다.

프랑스는 내전을 치르면서 많은 피를 흘립니다. 리옹 반란은 왕당파, 지롱드파, 온건한 공화파가 뒤섞여 일으킨 일입니다. 국민공회가 보낸 군대는 10월에 반란을 진압하고, 2,000명이나 사형시켰는데, 그중에서도 수백 명을 들판에 세워 놓고 대포를 쏴서 죽이기까지 했습니다. 한편 방데의 난에서는 반란군과 진압군 모두 합쳐서 거의 15만 명이 죽었습니다. 특히 방데 전쟁의 격전지 낭트에서는 총격으로 2,000명이나 죽이고, 적게는 1,800명에서 많게는 4,000명을 배에 나눠 태워서 강 한가운데로 데려간 뒤 배를 침몰시켜 죽이기도 했습니다. 그런 결정을 내린 카리에^{Carrier, 1756~1794}는 그것을 '국민의 목욕'이라고 말했다고 합니다.

만약 연방주의자 반란이 외국군대의 지원을 받았으면 혁명은 그것으로 끝났을 것입니다. 국민공회에게는 다행으로 그런 일은 일어나지 않았습니다. 해군기지 툴롱^{Toulon}도 반란의 불길에 휩싸였고 영국군에게 넘어갔지만, 다른 지방의 반란자들과는 연결되지 않았죠. 혁명군은 툴롱을 되찾은 뒤 800명을 잡아 재판하지도 않고 총살했답니다. 이처럼 국민공회에서 임무를 주어 각 지방으로 파견한 의원들과 국민공회가 임명한 진압군 사령관들은 모두 잘 싸웠고 혁명을 구해 냈습니다. 하지만 반대로 그 진압군은 혁명에 반대하던 사람들에게는 몹시 잔인했습니다.

공포정치가 혁명을 연장하다

혁명의 지도자 마라를 살해한 사건은 반혁명이 언제라도 일어날 수 있다는 경고였습니다. 혁명 세력은 정신을 바짝 차려야 했답니다. 비록 마라는 사라졌어도 그만큼 활약할 사람들은 많았습니다. '자유가 아니면 죽음이다'라는 말을 한 에베르는 《뒤셴 영감》을 통하여 상퀼로트의 주장을 뒷받침해 주었어요. 에베르는 서민에게 친근하고 상스러운 말을 썼기 때문에 상퀼로트의 지지를 받았습니다. 오늘날 우리가 그의 신문에 나오는 욕을 모두 이해하기 어려울 정도로, 에베르는 필요할 때마다 말을 새로 만들어 썼습니다.

그리고 '미친 듯이 화가 난 사람'을 뜻하는 과격파 '앙라제 Enragés'파가 직접민주주의, 사회복지제도, 공정한 물가 정책을 요구하고 나섰습니다. 그들은 정치적 권리를 얻으려고 노력하는 여성의 정치 클럽과 친하게 지내면서 당시 정치를 이끌던 몽타뉴파를 꾸준히 압박했습니다. 국민공회와 구국위원회를

228

지배한 몽타뉴파는 그들의 지지를 이용하면서도 한편으로는 그들을 성가시게 여겼어요.

로베스피에르는 1793년 7월 27일 구국위원회 위원이 되었습니다. 이때부터 그는 혁명을 이끄는 중심축이 됩니다. 그를 싫어하는 사람은 그를 '7시간짜리 변호사'라 불렀는데, 내용이야 어떻든 로베스피에르는 필요하면 긴 연설로 반대편의 논리를 억눌렀기 때문입니다. 혁명이 더욱 급진화하면서 로베스피에르는 혁명의 횃불이 되었습니다. 그리고 10월이 되면 구국위원회는 로베스피에르와 죽이 잘 맞는 사람들이 다수를 차지합니다.

몽타뉴파는 극단주의자들이 제안한 대로 투기꾼을 사형시키는 법을 만들고, 한 달 뒤 8월 하순에는 총동원령을 내려 전시 체제에 들어갔습니다. 혁명군은 모든 지방을 휘젓고 다녔고 혁명재판소는 더욱 바빠졌죠. 그들은 재판절차를 간단히 줄이고 단두대를 부지런히 이용했습니다. 지방 도시에서는 혁명위원회가 많이 생겨서 법 집행을 감시했어요.

9월 17일에 반혁명혐의자법을 만들면서 실질적인 공포정이 시작됩니다. 보통의 경우 죄를 지은 사람에게만 벌을 주지만, 반혁명혐의자법은 행동이 아니라 생각만 가지고도 죄를 물을 수 있는 법이었습니다. 그러니까 조금만 의심스럽게 행동해도 죄를 물었답니다. 조금 심하게 표현하면, 혁명에 적극적으로 찬성한다는 표정을 짓지 않아도 잡아갈 수 있었던 것이죠. 이제 헌법에 맹세를 하지 않은 사제, 망명자, 연방주의자, 그리고 그들의 가족들까지 모두 위험하게 되었어요.

가난한 사람들은 파리 코뮌과 국민공회에 끊임없이 물가와 임금 문제를 해결해 달라고 요구했습니다. 5월 4일, 국민공회는 앙라제파의 요구를 받아들여 곡식의 가격을 묶는 법을 제정합니다. 그러나 사정은 조금도 나아지지 않았습니다. 9월 4일, 파리 노동자들은 시청 앞에 몰려가 시위를 벌였고 이튿날에는 국민공회로 갔습니다. 국민공회는 모든 음식물 값을 묶어 주겠다고 약속했어요. 하지만 9월 22일까지 국민공회를 믿고 기다리다 지친 노동자들은 결국 폭동을 일으켜 또다시 국민공회를 압박합니다. 국민공회는 서둘러 법안을 마련하고 토론을 통해 마침내 9월 29일, 곡식뿐만 아니라 모든 생활필수품의 값을 묶는 최고가격제법을 제정하기에 이릅니다.

공포정이 피를 부르다

혁명재판소와 단두대는 바삐 움직였습니다. 사실 혁명재판소가 단두대보다 더 바빴습니다. 9월에만 260명을 재판하고 그 가운데 66명을 처형했으니까요. 혁명재판소의 검사는 여전히 푸키에 탱빌이었고 에르망이 혁명재판소장으로 뽑혔습니다. 판사와 배심원들은 구국위원회와 국가안전위원회가 합동으로 추천했고요. 공포정 시대에 사법의 독립은 생각할 수 없는 일이었죠.

굵직한 재판이 10월에 있었습니다. 마리 앙투아네트가 10월 중순 재판에서 사형을 언도받습니다. 그는 남편이 죽은 뒤, 아들을 루이 17세로 인정한 국민공회가 자신을 외국으로 보내 주기를 바라고 있었을 겁니다. 그러나 어찌 보면 사형은 이미 피할 수 없는 운명이었습니다. 앙투아네트는 루이 16세보다 더 미움을 샀기 때문에 살아나기란 어려운 상황이었어요.

마리 앙투아네트가 역대 왕비들 가운데 가장 낭비가 심한 사람은 아니었지만, '적자 부인'이라는 별명을 얻을 만큼은 낭비를 했습니다. 게다가 적국이 된 오스트리아 출신이었기 때문에 사람들은 그를 몹시 미워하고 온갖 나쁜 이야기를 모두 그와 연결시켰어요.

"빵이 없으면 케이크를 먹으라고 하세요."

사람들이 빵을 구하기 어려워 굶는다는 말을 듣고 앙투아네트가 했다는 말이죠. 하지만 악의에 찬 거짓 소문이었습니다.

사실, 이 이야기는 장 자크 루소의 《고백Les Confessions》에 나옵니다. 어떤 공주가 빵도 없는 농부에게 부드럽고 달콤하고 고소한 빵인 브리오슈를 먹으라고 했다는 이야기죠. 마리 앙투아네트가 얼마나 철없다고 생각했으면, 그녀가 그런 얘기를 했다고 뒤집어 씌웠겠습니까. 하기야 '자연으로 돌아가라'는 말도 루소가 한 말이 아닌데 그렇게 알고 있는 사람들이 많죠?

마리 앙투아네트를 처형한 뒤 지롱드파 지도자들도 재판을 받았습니다. 6월 2일과 그 뒤에 붙잡힌 사람들은 10월 마지막 날 처형당했어요. 무사히 도망친 사람들 가운데 지방에서 살해되거나 자살한 사람도 있었고요. 그러나 끝까지 살아남아서 로베스피에르가 권력을 잃은 뒤 의원직을 되찾은 사람도 있었답니다.

국민공회 의원들도 로베스피에르 일파가 이끄는 공포정에 희생되었는데, 보통 사람들은 얼마나 많이 희생되었을까요? 전국에서 사형을 선고 받은 사람은 모두 1만 6,594명이었는데, 그 절반이 1793년 11월부터 이듬해 1월 말까지 약 세 달 동안 처형되었답니다. 공포정 시대에는 모두 50만 명이 감옥에 갇혔고 30만 명이 집에 갇혔어요.

사람들은 날마다 빵집 앞에 줄을 섰다가 어렵게 빵을 구해 먹었고, 오후에는 단두대로 향하는 수레에 실려 가는 사람들을 보았습니다. 마음 약한 사람은 그러한 광경을 보지 않으려고 애쓰면서 자신의 목을 만져 보았을 테지요. 집에 갇힌 사람도 언제 감옥으로 끌려갈지 모르고, 감옥에 갇힌 사람은 언제 단두대로 끌려갈지 몰라 하루하루 불안했습니다. 그리고 그들의 가족들까지 합치면 프랑스 공화국 전역을 공포가 휩쓸었다는 사실을 쉽게 짐작할 수 있습니다. 공화국의 민주정부가 공포를 이용해서 정치를 했던 거죠. 그러나 오늘날에도 그런 정부는 많답니다. 우리나라만 해도 군사독재 시절에 자유민주주의를 앞세우면서 반대자를 심하게 탄압하고 사형시키는 일이 있었으니까요.

로베스피에르는 어떤 사람일까?

1793년 가을부터 이듬해 7월 말까지 혁명, 공포정, 로베스피에르는 거의 같은 말이었습니다. 지금도 프랑스 혁명과 관련된 인물을 몇 명만 말하라고 한다면, 거의 모든 이가 그의 이름을 다섯 손가락 안에 꼽을 것입니다. 로베스피에르, 그는 어떤 사람이었을까요?

로베스피에르는 1758년 파리의 북쪽에 있는 아라스Arras에서 태어났습니다. 그는 루이 16세와 특별한 인연이 있었습니다. 파리에서 공부할 때 루이 16세가 마리 앙투아네트와 함께 로베스피에르가 다니던 학교를 방문했어요. 그는 라틴어로 환영사를 했죠. 그러나 루이 16세는 별로 감동하지 않고 그 자리를 떴습니다. 로베스피에르는 자존심이 상했을까요? 아무도 모를 일입니다. 하지만 아마 그 순간에는 영광스럽게 여겼을 것입니다. 왕 앞에서 환영사를 하는 일은 당시로서는 아주 영광스러운 일이었으니까요.

로베스피에르는 장 자크 루소를 존경했고, 절대군주국가에서도 주권은 인민에게 있다는 루소의 주장을 받아들였습니다. 그리고 그는 공화국을 좋아하고 덕을 좋아했습니다. 당연히 부정부패를 몹시 싫어했지요. 그는 변호사가 된 뒤에도 가난한 사람들을 위해 애쓰다가 아라스 대표로 전국 신분회에 참석합니다. 그리고 제헌의원이 되었죠. 그때 사람들은 웅변가 미라보 백작을 '프로방스의 횃불'이라 불렀는데, 로베스피에르를 '아라스의 촛불'이라고 부르면서 주목하기 시작했습니다.

제헌의원은 입법의회에 나가지 말자고 제안한 사람도 바로 로베스피에르였습니다. 그는 입법의회가 법을 제정하는 동안 파리의 자코뱅 클럽과 파리 시를 위해 열심히 일했습니다. 비록 국회의원은 아니었지만 그의 말은 굉장한 영향을 끼쳤어요. 프랑스 혁명 때는 행동 못지않게 말이 중요해진 시대입니다. 국회의원이 자기주장을 돋보이게 만들고 남을 설득하려면 말을 잘해야 했고, 로베스피에르는 말솜씨가 뛰어났어요. 심지어 행동에서도 청렴해서 사람들의 마음을 쉽게 사로잡을 수 있었습니다. 그는 아라스의 촛불에서 아라스의 횃불 나아가 전국의 횃불이 되었답니다.

그러나 한때 그도 브리소에게 밀린 적이 있습니다. 브리소는 그 나름대로 추종자들을 가진 사람이었고, 현실을 로베스피에르와 다르게 보았습니다. 브리소는 전쟁을 찬성했는데 로베스피에르는 전쟁을 반대했습니다. 1792년 4월 20일, 프랑스와 오스트리아가 전쟁을 하면서 로베스피에르가 주도권을 잃는 듯이 보였습니다. 하지만 브리소가 점점 일관성을 잃는 데 비해 로베스피에르는 한결같았어요. 다시 말해서 그는 확고한 원칙을 지켰습니다.

물론 그의 말과 행동에서도 앞뒤가 맞지 않는 부분을 찾을 수 있습니다. 예를 들어, 그는 언론의 자유를 부르짖었지만, 나중에 혁명에 반대하는 사람들에게는 그 자유를 허용하지 않았습니다. 또 처음에는 전쟁을 반대했지만 나중에는 전쟁을 수행합니다. 그리고 전쟁 상황을 이용해서 공포정을 강화했죠. 하지만 그럼에도 그는 부패하지 않았고 오직 혁명을 살리기 위해서 그 같은 결정들을 내렸다고 말할 수 있습니다.

혁명기 사람들은 그를 '청렴결백'이라고 불렀어요. 역사학자 소불Soboul, 1914~1982은 프랑스 역사를 통틀어서 그런 말을 들을 만한 사람은 오직 로베스피에르뿐이라고 평가했습니다. 그러나 청렴결백한 사람이 공포정만이 살 길이라고 생각하면서, 평소에 하던 말과 달리 자유를 억압하고 수많은 사람을 희생시킨 일에 대해서 어떻게 판단하면 좋을까요?

이에 대한 답은 하나가 아닐 겁니다. 우리는 이런 질문을 어느 시대, 어느 나라에도 적용할 수 있습니다. 한 가지 분명히 말할 수 있는 점은, 역사를 통해서 우리는 사람들이 세상을 만들고 살아가는 방식을 배울 수 있는데, 강제보다는 자발적인 참여가 더 좋다는 것입니다.

로베스피에르가 망나니의 목까지 자르다

로베스피에르는 1791년 헌법과 1793년 헌법을 밟고 있고, 뒤의 탑에는 '여기 프랑스가 잠들다'고 쓰여 있다. 그가 망나니를 죽이는 단두대의 주위에 수많은 단두대들이 숲처럼 서 있다. 모든 단두대는 저마다 다른 사람들을 죽였다.

망나니, 구국위원회, 국가안전위원회, 혁명재판소, 자코뱅파, 코르들리에파, 브리소파, 지롱드파, 에베르파, 귀족과 종교인, 인재, 노인이나 여성, 어린이, 병사와 장군, 헌법기관, 국민공회, 민중협회.

구국위원회le comité de Salut Public와 국가안전위원회le comité de Sûreté générale에 대해서는 조금 더 설명할 필요가 있다. 국가안전위원회는 국민공회가 생기자마자 설립한 위원회로서 사실상 '공안위원회'라고 옮겨야 하는 것이다. 그럼에도 우리나라에서는 보안 또는 안보라 옮기고, 나중에 생긴 구국위원회를 공안위원회라 옮겼다. 여기서는 우리 학계에서 옮긴 공안위원회가 그릇된 개념임을 설명하고자 한다. 원어의 Salut는 종교적으로 구원을 뜻하는 말이다. 혁명기 사람들은 툭하면 '조국이 위험하다, 조국을 구하자'고 하였다. 구원의 동사sauver 형태를 먼저 이해하면 자연스럽게 나라를 구한다는 개념이 떠오른다. '나라를 구하자sauvons la chose publique'는 말이 구국위원회를 이해하는 열쇠다.

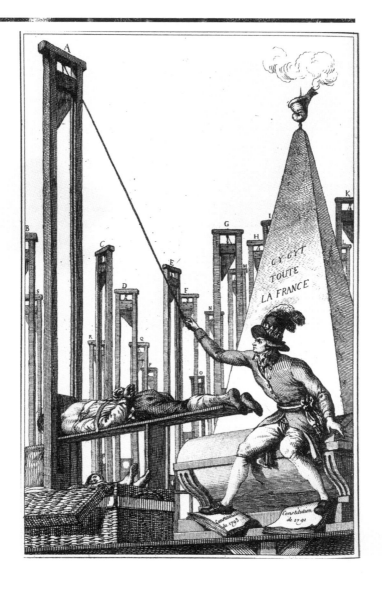

탈기독교 운동이 일어나다

　혁명은 국가를 종교 위에 놓았습니다. 성직자 시민헌법을 제정하고 성직자에게 맹세를 시키면서, 종교계가 선서파와 거부파로 갈라졌다는 사실은 앞에서 살펴봤습니다. 혁명정부는 다음 단계로 기독교를 탄압하기 시작합니다. 1793년 10월 5일, 국민공회는 새 달력인 공화력을 쓰기 시작하면서 기독교를 일상생활에서 지우려고 했습니다. 이틀 뒤 10월 7일, 랭스에서는 성유병을 깨뜨려 버립니다. 성유병은 종교의식에서 몸에 발라 주는 기름을 담은 병이죠.

　5세기 말 프랑크 왕국을 세운 클로비스^{Clovis, 465?~511}가 가톨릭교도가 될 때, 하늘에서 비둘기가 성유병을 물어다 주었다는 전설이 있습니다. 그 안에 든 성스러운 기름을 황금바늘 끝에 한 방울 찍어서 황금쟁반에 놓고, 보통 기름과 함께 개면 모두 성유가 된다고 했죠. 왕이 즉위할 때, 몸의 일곱 군데에 발라 주면 왕은 신성한 존재가 됩니다. 그런데 프랑스는 왕국이 아니라 공화국이 되었기 때문에 성유병을 쓸 일이 없어 졌습니다. 그리고 성령을 뜻하는 비둘기가 하늘에서 병을 물고 왔다는 것도 그렇고, 조그만 병에 든 기름이 1,400년이나 상하 거나 줄지 않았다는 신기한 말도 사람들이 더는 믿지 않았습 니다.

이렇게 시작된 운동을 탈기독교 운동이라고 합니다. 각 지 방에서 혁명의 불길을 꺼뜨리지 않도록 국민공회가 파견한 의 원 가운데 이 운동을 적극적으로 추진한 사람이 있습니다. 니 에브르Nièvre에 파견된 푸셰Fouché 의원은 기독교를 마음속으로 숭배하는 것을 막을 수는 없었지만, 밖으로는 드러내지 못하 게 했습니다. 파견된 의원들은 혁명군대의 도움을 받아 교회 의 문을 닫고 물건을 빼앗았어요.

파리에서도 교회의 문을 닫고, '이성의 전당' 또는 '이성과 철학의 전당'이라고 새겨 넣었습니다. 파리 코뮌과 에베르의 지 지자들이 운동을 이끌었죠. 그러나 사실 국민공회는 적당한 선에서 이 운동이 끝나기를 바라고 있었습니다. 온 국민이 화 합해도 어려운 시기에, 혁명을 따르던 선서파 사제와 신도들을 종교적인 이유로 잃어버리는 것은 바람직하지 않았으니까요.

로베스피에르는 1794년 6월 8일 최고 존재의 축제를 주관 합니다. 6월 8일은 공화력 제2년 프레리알초원의 달 20일이었기

때문입니다. 앞에서, 10일마다 휴일이고 축제의 날이라고 말씀
드렸죠? 그 전날부터 파리 시민들은 집집마다 꽃으로 장식했
어요. 그날 새벽 5시 시민들은 집에서 나와 샹드마르스의 행
사장으로 갔습니다. 여성은 흰 옷을 입고 남성은 참나무 가지
를 들고 어린이는 꽃바구니를 들었습니다. 축제를 구상한 사람
은 유명한 화가 다비드였고, 음악은 혁명기의 국민가인 《출정
의 노래》를 작곡한 메월Méhul, 1763~1817이 맡았습니다. 로베스
피에르가 제사장의 옷차림으로 제단에서 천천히 내려왔어요.
마치 '최고 존재'가 로베스피에르의 몸으로 나타난 것처럼 말
이죠.

　그날 이후, 로베스피에르를 미워하는 사람들은 그가 신이
되었다고 하면서, 이제는 왕이 될 차례라고 말했습니다. 그리
고 파리 시내에는 로베스피에르가 공주와 결혼해서 왕이 되
려 한다는 소문이 돌았답니다. 그러나 로베스피에르는 미혼
으로 혁명에 대한 신념에 살다가 테르미도르무더운 달 10일, 7월
28일 처형되었죠. 그 뒤 탈기독교 운동은 시들해졌지만 완전
히 사라지진 않았어요.

'제2의 혁명', 재생의 분수

　1792년 6월 말부터 8월 초까지, 입법의회가 파리 민중과 연맹군의 압력을 받으면서 제대로 대처하지 못하자 파리에서는 반란 코뮌을 결성하고 8월 10일 튀일르리 궁으로 쳐들어갔다. 루이 16세는 가족과 함께 입법의회의 품으로 도피했다가 파리 코뮌의 포로가 되었다. 그 다음에는 왕정을 폐지하고, 새 헌법을 만들 국민공회를 구성한 뒤 공화국을 선포하고, 루이 16세를 재판하는 일이 착착 진행되었다.

그 뒤, 제2의 혁명이 일어난 뒤 1년 동안, 대외전쟁을 치르고 국내의 반란을 진압하느라고 혁명정부는 몹시 바빴다. 봄에 일어난 '방데의 난'뿐만 아니라 남프랑스에서 일어난 반란도 혁명을 더욱 급진화하는 요인이 되었다. 제2의 혁명 제1주년 기념일이 되기 전에 정치적으로 눈여겨볼 만한 사건이 있다면, 새 공화국 헌법을 제정했지만 정치를 안정화할 때까지 유보하고, 로베스피에르가 구국위원회 위원이 되어 실질적인 지배자 노릇을 하기 시작했다는 것이다.

1793년 8월 10일, 바스티유 요새를 허문 자리에 '재생의 분수 Fontaine de la Régénration'를 세우고 그 앞에서 기념식을 올렸다. 이집트 양식의 신상을 세운 것은 기독교 대신 자연의 여신을 기린다는 뜻이며, 혁명기에 기독교에서 벗어나려는 의지를 더욱 확실히 보여주는 일이었다.

"오, 자연이여, 오, 자연이여, 야만과 개화된 모든 민족을 다스리는 지배자여! 프랑스인들은 그대의 법을 영원히 받들겠다고 맹세합니다. 그대의 젖가슴에서 나오는 풍부한 물, 최초의 인류를 적신 순수한 음료수를 오늘 우애와 평등의 잔에 담아 프랑스가 그대 앞에서 하는 맹세, 창공에 해가 뜬 이래 가장 아름다운 맹세를 봉헌코자 하오니 부디 들어주소서!"

테르미도르 반동이 공포정을 끝내다

오늘날 파리의 콩코르드^{Concorde} 광장에서는 수많은 사건이 일어났습니다. 혁명이 일어난 뒤부터 광장의 이름이 바뀐 것만 보아도 그 사실을 짐작할 수 있죠. 그곳은 원래 루이 15세가 살아 있을 때 만든 '루이 15세 광장'이었어요. 루이 15세는 거기에 자신의 기마상을 세웠는데, 옛 프랑스에서는 이렇게 왕의 동상을 세운 광장을 '왕립광장'이라고 했습니다. 그러나 혁명이 일어나자 시민들이 왕의 기마상을 철거하고 단두대를 세우면서 '혁명광장'이 되었어요.

공포정이 막바지에 이르렀을 때, 혁명광장의 단두대는 하루 6시간씩 일했습니다. 하루하루 살얼음을 걷는 사람이 많았을 테지요. 국민공회 안에서도 로베스피에르와 그 측근들의 주장에 반대하면 목숨을 잃을지 모른다고 두려워하는 사람이 늘었습니다. 입법의회보다 더 급진적인 국민공회 안에서도 의원들끼리 서로 눈치를 봐야 했다니 얼마나 두려움이 컸을지 짐작할 수 있습니다. 국회의원들은 혁명 초에 이미 자기네 신변의 안전을 보장하는 법을 만들었는데, 공포정 시대에는 국민공회 안에서 서로 고발하여 죽음의 문턱인 혁명재판소로 보내는 일이 잇달아 일어났으니, 하루하루가 말 그대로 공포였을 겁니다.

로베스피에르는 1794년 2월 5일, 국민공회 의원들에게 '국민공회를 이끌어 갈 도덕적 원칙'에 대해 연설하고 덕과 공포정을 합리화했습니다. 덕의 공화국을 세우려는 목표를 달성하려면 강제로라도 세워야 한다고 주장했죠. 3월 15일, 그는 이렇게 말했어요.

"모든 당파를 한 방에 없애야 합니다."

과연 그는 '앙라제파', '에베르파', '관용파', 게다가 자신의 혁명 동지였던 당통과 '당통파'까지 차례로 단두대에 세웠습니다. 그는 국민공회, 자코뱅 클럽에서도 반대파를 지목하고 단두대로 보냈어요.

이제 로베스피에르의 독재를 막아야 한다고 생각하는 사람이 늘었습니다. 그들은 국내의 반란을 진압했고 반대자들도 처형할 만큼 처형했으며, 외국과의 전쟁도 예전보다 위험하지 않은데 왜 공포정을 지속해야 하느냐고 생각했죠. 한마디로, 이제는 혁명이라는 비상체제를 끝내고, 화합과 합의를 통해서 정치를 해야 한다고 생각하는 사람들이 늘었던 것이죠. 그런데 그들은 언제든 로베스피에르에게 트집을 잡히면 목숨을 잃을 수 있기 때문에 겁을 내면서 눈치를 살폈어요.

공화력 2년 프레리알 22일, 1794년 6월 10일에는 혁명재판소의 재판을 빨리 진행하는 법이 통과되었습니다. 이것이 역사상 악명 높은 '프레리알법'입니다. 그리고 6월 11일부터 7월 27일까지 47일 동안 파리에서만 1,376명이 처형됐습니다. 이법은 결정적으로 국민공회 의원들을 겁먹게 만들었습니다.

테르미도르 9일, 즉 7월 27일 국민공회에서 로베스피에르와 그 측근들을 체포하자고 결의합니다. 로베스피에르와 동료들은 국민공회에서 도망쳐 파리 시청으로 갔어요. 일부 지지자들이 그들을 호위했죠. 그러나 여느 때와 달리 그의 지지자가 그리 많이 모이지 않았습니다. 하늘을 나는 새도 떨어뜨리던 세력이 하룻밤 사이 바닥으로 곤두박질쳐서 아주 처량해진 것입니다. 이튿날 새벽, 국민공회 반동세력의 병력이 시청으로 쳐들어갔어요. 로베스피에르는 자살을 시도했는지 아니면 공격부대의 총에 맞았는지 턱에 중상을 입고 쓰러져 있었습니다. 로베스피에르의 친동생은 창문으로 뛰어내리다 다리를 다쳤고요. 반동파는 로베스피에르와 측근 22명을 붙잡아 그날 저녁 무렵 모두 단두대에서 처형합니다. 그 다음 날인 29일에도 로베스피에르 일파는 더 많이 처형되었어요. 이렇게 해서 28일과 29일에 모두 106명이 죽었습니다. 가장 무더운 달에 일어난 이 사건을 '테르미도르 반동'이라고 부른답니다.

이젠 혁명을 끝내고 싶다

공포정이 끝나면 혁명의 물살도 어느 정도 약해집니다. 그렇다고 혁명이 완전히 정지한 것은 아니었습니다. 로베스피에르와 그의 측근들이 사라졌다고 해서 모든 문제가 곧바로 해결되지는 않았으니까요.

국민공회의 상황을 먼저 살펴보겠습니다. 로베스피에르를 주축으로 지배세력이던 몽타뉴파산악파 가운데 용케 살아남은 소수를 '크레투아산꼭대기'파라 부릅니다. 산악파라는 커다란 산이었다가 산꼭대기로 밀려 올라갔다니, 그들이 얼마나 세력을 잃고 외로워졌는지 짐작이 가시죠? 그 대신 온건파인 평원파가 세력을 늘렸습니다. 이제 이들이 혁명을 떠맡아 '테르미도르 국민공회'를 이끌었습니다. 눈치 빠른 분들은 국민공회의 역사를 '지롱드파 국민공회', '몽타뉴파 국민공회', 그리고 '테르미도르 국민공회'로 정리할 수 있으실 겁니다.

국민공회 밖에서는 자코뱅 클럽이 문을 닫습니다. 그리고

'선거인 클럽'도 정치무대에서 물러납니다. 선거인 클럽이란, 1789년 파리 도^{département}의 전국 신분회 대표를 뽑는 선거인들이 쓰던 회의실에 모여 정치활동을 하던 사람들을 일컫는 말입니다. 그들은 파리의 공직자 선거를 부활시키고, 언론의 자유를 무한정 보장하며, 상업의 자유도 회복하라고 요구했어요. 그리고 무엇보다도 1793년의 민주헌법을 빨리 시행하라고 촉구하기도 했죠.

로베스피에르는 1793년 초부터 민중의 마음을 대변하던 과격파 앙라제파와 에베르파를 차례로 제거했습니다. 그리고 이제 로베스피에르가 제거되자 민중은 더욱 기댈 곳을 잃어버립니다. 1794년 8월 이후로는 온건한 사람들이 정권을 잡았기 때문입니다. 더욱이 그동안 숨죽이고 살던 부자들과 왕당파까지 큰소리치는 세상으로 바뀌었어요. 머리를 어깨까지 기르고, 챙 넓은 둥근 모자를 쓴 젊은이들을 뜻하는 뮈스카댕이 자코뱅 클럽을 습격하기도 했습니다. 국민공회가 물가를 통제하던 정책을 폐지하면서 물가는 치솟았고, 민중은 생활고에 시달리면서 간혹 시위대를 조직했지만 번번이 실패했어요.

1794년 겨울부터 1795년 4월까지, 민중은 1793년 헌법을 시행하고 굶주림에 대한 대책을 세워 달라고 요구하였지만 탄압 받았습니다. 그해 5월 20일인 공화력 3년 프레리알 제1일,

굶주린 민중이 대대적으로 들고일어납니다. 파리의 동쪽 문밖에 사는 주민들이 새벽부터 모여 남녀 가리지 않고 국민공회로 행진했습니다. 그들은 국민공회를 점령했다가 한밤중에 파리 서쪽 지역의 국민방위군에게 쫓겨났어요. 민중은 계속 봉기했지만, 정부군에게 조직적으로 진압당합니다.

지방에서는 파리보다 더 잔인한 복수극이 벌어졌어요. 숨죽이고 살던 왕당파, 비선서 사제, 공포정의 희생자 가족들, 되돌아온 망명자들이 그동안 참았던 분노를 터뜨렸던 것입니다. 1795년 5월과 6월에 특히 프랑스 남동부의 리용, 마르세유, 아비뇽에서 그들은 감옥으로 가서 공포정 시대에 자신들을 탄압하던 사람들을 학살했습니다. 혁명을 뜻하는 붉은 모자를 앞세운 몽타뉴파의 공포정을 '붉은 공포'라 한다면, 왕을 상징하는 백합꽃을 앞세운 이 탄압은 '백색 공포'라고 한답니다.

국민공회에서 극좌파인 크레투아파산꼭대기파를 체포하면서, 의견을 쉽게 하나로 모을 수 있게 된 것도 민중시위를 빨리 진압할 수 있었던 힘입니다. 우리는 여기서 역사적 교훈을 하나 얻을 수 있습니다. 국회에서 다수파의 의지가 정치의 방향을 정하다 보면, 민중은 자칫 이용만 당하다가 큰 성과를 얻지도 못한 채 버림받는다는 사실입니다. 국민공회는 새로 헌법을 만들어 총재정부를 탄생시켜서 혁명을 끝내려고 했습니다.

총재정부가 탄생하다

　국민공회는 1795년 8월 22일, '공화력 3년 헌법'을 만들고 국민투표를 거쳐 9월 23일 선포합니다. 이 헌법의 정신은 의회의 독재 또는 개인의 독재를 어떻게든 피하겠다는 것이었어요. 그리하여 1789년 제헌의원 일부가 꿈꾸던 양원제를 도입합니다. 40세 이상의 남성 250명으로 원로원에 해당하는 상원을 구성하고, 30세 이상의 남성 500명으로 하원인 500인회를 구성하도록 했습니다. 그리고 매년 상하원의 3분의 1씩 새로 뽑도록 했어요. 또 원로원은 500인회가 넘긴 명단에서 총재 5명을 뽑아 행정부를 맡겼죠. 이를 위해 10월 12일부터 열흘 동안 국회의원 선거를 실시했습니다.

　국민공회 의원들은 이 헌법을 만들 때 자신들에게 유리하게 만들었습니다. 양원의 의원 750명 가운데 500명을 국민공회 의원들 몫으로 한다는 '3분의 2법'을 제정해서 통과시킨 것이죠. 하지만 이 법은 오늘날에는 절대로 통과할 수 없는 법입니다. 수백만에 이르는 유권자 가운데 겨우 30만이 조금 넘는 사람만 투표하여 20만 명이 찬성, 10만 명이 반대한 법이기 때문입니다. 법이라는 것이 얼마나 우습게 효력을 발생할 수도 있는지 아시겠죠? 민주주의 경험이 아주 적은 상태였기 때문에 이런 결과가 나온 것입니다. 이렇게 국민공회에서 활동하던 사람들은 총재정부의 원로원과 500인회의 의석 가운데 3분의 2를 차지합니다.

당시의 정부와 의회는 '가장 훌륭한 사람들의 공화국'이었지만 국내 질서를 잡지는 못했습니다. 그런데 '가장 훌륭한 사람들'은 누구일까요? 한마디로 재산을 가진 사람들입니다. 부아시 당글라Boissy d'Anglas, 1756~1821는 1795년 6월 이렇게 말했습니다.

> "우리는 가장 훌륭한 사람들의 지배를 받아야 합니다. 그들은 가장 많이 배우고, 법을 가장 충실히 지키려는 사람입니다. 사회적 질서를 갖춘 나라는 가진 사람들이 지배하는 나라이며, 자연의 질서에 머무른 나라는 재산을 갖지 못한 사람들이 지배하는 나라입니다."

재산이 없으면 배우지도 못한다는 뜻입니다. 신분사회에서는 대개 그렇습니다. 그러나 가난한 사람은 똑똑하지 않고, 공공질서를 무시할까요? 당시에 재산을 가진 사람들은 대부분 그렇게 생각했어요. 그러니 앞으로 총재정부가 누구를 위해서 일하게 될지 알 수 있으실 겁니다. 프랑수아 바뵈프François Babeuf, 1760~1797는 몹시 화가 났어요. 그는 고대 로마의 호민관 그라쿠스 형제를 존경했기 때문에 이름을 그라쿠스 바뵈프로 바꾼 사람입니다. 그라쿠스 형제는 귀족이면서도 가난한 사람들을 위해 제도를 개혁하다가 특권층에게 살해당했습니다. 바뵈프도 '가장 훌륭한 사람들의 공화국'이 아니라 '평등한 사람들의 공화국'을 만들어야 한다고 주장하다가 탄압을 받고 처형되었어요.

총재정부와 의회는 국내 질서를 잡을 필요가 있을 때마다 군을 동원했고, 대외전쟁을 치러야 했기 때문에 군대의 힘이 커졌습니다. 야심 찬 군지도자가 정권을 노릴 만한 가능성이 계속 커졌죠. 그리고 실제로 나폴레옹이 총재정부를 뒤엎는 일이 일어납니다.

혁명은 나폴레옹을 낳았고,
나폴레옹은 혁명을 중단시켰다

프랑스 절대주의는 왕이 상비군을 두고 귀족 세력을 억누르면서 시작되었다고 말할 수 있습니다. 그리고 세월이 흘러 모든 제도가 잘 정착되면 나라를 지키는 군대의 역할도 중요하지만, 국내에서는 행정관과 법관들이 더 큰 힘을 가지게 됩니다. 게다가 왕국이 커지면 여론의 힘도 무시하지 못하게 되죠. 1789년 혁명이 일어났을 때, 명목상 왕이 동원할 수 있는 군대는 많았지만 주로 외국인 군대만 믿을 수 있었고, 프랑스인 부대는 새로 생긴 국회와 국민의 편이었습니다. 그러므로 절대 군주가 군대의 힘을 제대로 이용하지 못하는 현실 속에서 혁명이 일어났다고도 말할 수 있어요.

그런데 혁명정부가 국내의 반란을 진압하고 외국과 전쟁을 수행하면서 점점 군대의 힘이 커졌습니다. 프랑스 국민이 직접 나라를 지키는 가운데 애국심으로 무장한 군인들은 유럽 여러 나라를 상대로 계속 승리합니다. 젊은 포병장교 나폴레옹이 뛰어난 능력을 발휘했지요. 나폴레옹 보나파르트^{Napoléon}는 코르시카의 아작시오에서 태어났습니다. 그가 태어나기 전 코르시카는 제노아의 영토였지만 프랑스에게 팔렸지요. 파올리 장군이 코르시카를 독립시키려고 싸웠고, 나폴레옹의 아버지는 잠깐 파올리 장군 편에 섰습니다. 그러나 나폴레옹이 태어나기 직전 프랑스 군대가 코르시카를 정복하면서 나폴레옹은 형과 달리 프랑스인으로 태어난 셈입니다. 그는 열 살 때 가족 품을 떠나 오툉의 중등학교에 들어갔다가 나중에 파리의 군사학교에 들어갔어요. 그는 어린 시절부터 타향에서 촌티와 말씨 때문에 놀림을 받았습니다. 나폴레옹은 외롭게 지내면서도 전략과 전술을 공부하면서 자신의 약점을 극복했고 훌륭한 군인으로 성장합니다.

그는 혁명 정부에 반대하는 도시를 공격하여 혁명을 구했지만, 테르미도르 반동 때는 로베스피에르파라는 혐의를 쓰고 감옥에 갇혔다가 풀려나기도 했습니다. 그는 논문이나 소설《클리송과 외제니》, 1795을 쓰는 군인이었고, 1795년 10월부터는 물 만난 고기처럼 기회를 얻기 시작합니다. 나폴레옹은 왕정주의자의 공격을 받는 국민공회를 구해 주고, 군의 사령관으로 진급했습니다. 그는 데지레 클라리를 사랑했지만 그 사랑을 이루

지 못하고 조제핀 드 보아르네와 1796년 3월 9일에 결혼했답니다. 며칠 뒤, 그는 이탈리아를 공격하러 가는 군을 지휘하러 떠났습니다. 그곳에서 그는 빼어난 능력을 발휘하기 시작합니다. 1797년 이탈리아 북부를 점령하고 평화조약을 맺었어요. 그는 총재정부를 왕정주의자들의 공격에서 보호하는 한편, 이탈리아에 프랑스의 자매 공화국을 세웠습니다.

나폴레옹은 애국심에 불타는 병사들을 잘 이끌어 계속 승리합니다. 그리고 《이탈리아 군 통신》, 《이탈리아 군에서 본 프랑스》라는 신문을 발행하게 만들어 자기 업적을 선전하기도 했습니다. 그는 총재정부가 맡긴 임무를 수행하러 1798년 5월 17일 이번에는 이집트로 떠납니다. 7월 2일 이집트에서 저항을 받았지만 알렉상드리아에 상륙했고, 그 달 안에 카이로까지 점령했습니다. 그러나 8월 1일 넬슨이 이끄는 영국 해군과 싸워 진 뒤 나폴레옹은 영국의 제해권을 무력화시키려는 꿈을 접어야 했어요. 1799년 8월 24일 그는 대부분의 병사를 이집트에 남겨둔 채 배를 타고 10월 귀국했습니다. 그는 11월 9일공화력 8년 브뤼메르 18일, 총재정부를 뒤집어엎고 집정관부를 세웁니다.

집정관consul은 혁명기에 헌법을 만들던 사람들이 고대 로마 공화국에서 빌려다 쓴 말입니다. 혁명기에 나온 '인권선언문'

인쇄물에서 창끝에 씌운 붉은 프리지아 모자와 가죽끈으로 묶은 느릅나무 막대기 다발faisceau을 볼 수 있는데, 나무 다발은 고대 로마 공화국에서 집정관의 권위와 함께 단결을 상징하는 물건이었습니다. 이처럼 혁명기 프랑스 사람들은 로마 공화정의 상징을 빌려 쓰기 좋아했어요.

집정관부는 형식적으로 집정관 세 명이 행정부를 이끌었지만, 사실상 제1집정관이 모든 권력을 마음대로 휘두르는 독재 체제였습니다. 물론 제1집정관은 나폴레옹이었고 그는 입법부에도 간섭합니다. 나폴레옹은 1804년에 황제 나폴레옹 1세가 됩니다. 그는 프랑스 영토를 넓히고 유럽 여러 나라에 자매 공화국을 세우면서 세계를 지배하는 듯했습니다. 하지만 전쟁에서 언제나 이기기만 할 수는 없죠. 나폴레옹은 1812년 러시아를 침공했다가 결국 혹독한 추위와 굶주림과 싸우면서 겨우 되돌아 나왔고, 1815년 6월 벨기에의 워털루에서 영국과 프로이센 연합군에게 패배합니다. 그렇게 해서 나폴레옹의 시대는 저물고 유럽은 다시 옛날로 되돌아갔지요.

서른 살에 제1집정관이 될 때까지 나폴레옹은 겨우 4년 동안에 프랑스를 유럽에서 가장 두려운 나라로 만들었어요. 그는 혁명과 전쟁으로 초급장교에서 장군으로 급속히 승진했고, 프랑스 혁명을 끝내면서 황제가 되었습니다. 그의 경력과 변화도 놀랍지만, 1789년에 제3신분이 전부라고 주장하던 시에예스 신부의 변화도 놀랍습니다. 시에예스 신부는 원로원과 500인회를 구성하는 공화력 제3년 헌법에 모든 법의 합헌성을 보장하는 내용을 넣으려다 실패한 뒤, 총재 5인 중 하나로 뽑혔지만 사양했지요. 그런데 시간이 흘러 1799년 새로 총재로 뽑혔을 때는 그 일을 맡았으며, 나폴레옹, 탈레랑과 짜고 총재정부를 엎는 계획을 세우기도 했습니다. 10년 동안 국회가 파리 주민들의 영향을 받는 데 신물이 났기 때문입니다. 사실, 혁명기에 이처럼 변화한 사람은 한둘이 아닙니다. 로베스피에르도 처음에는 언론의 자유를 주장했지만 공포정으로 사람들을 숨막히게 했다는 사실을 기억하시죠?

프랑스 혁명은 나폴레옹의 군사정변으로 끝이 납니다. 민주주의를 실현하려던 사람들이 경험을 충분히 쌓지 못하고, 좋은 제도를 보장하는 헌법을 만들고도 실천할 여유가 없었기 때문입니다. 또한 혁명은 프랑스 내부의 문제로 그치지 않고 유럽 전체의 운명과 연결되었기 때문에, 주도 세력의 뜻대로 통제하기 어려웠습니다. 그럼에도 프랑스는 19세기까지 계속 자유를 위한 투쟁에 휩싸이는 가운데에서도 1789년 혁명의 유산을 올바로 정착시키려고 노력했습니다.

프랑스 혁명이 나폴레옹의 군사정변으로 끝나는 것을 보면,

우리나라 4·19 혁명이 5·16 군사정변으로 끝났던 일이 떠오릅니다. 인간의 일이란 서로 다르면서도 비슷하게 보입니다. 그러나 두 나라의 사정이 몹시 다르다는 사실을 똑바로 봐야 합니다. 정변을 일으킨 주역들이 어떤 사람인지가 중요합니다. 나폴레옹은 나라를 위해 외국과 싸워 프랑스의 자존심을 세웠습니다. 그러나 5·16 군사정변을 일으킨 박정희는 일본군 장교나 한국군 장교로서 과연 무슨 일을 했을까요? 그리고 나폴레옹의 정변이 민주주의 실험과 대외전쟁의 산물이라면, 5·16 군사정변은 민주주의 혁명이 일어난 지 1년 뒤에 그 싹을 잘라 버리면서 나타납니다. 이런 비교를 통해 오늘로 이어지는 역사의 의미를 더 분명하게 알 수 있고 재미도 느낄 수 있다고 생각합니다.

장면 26

러시아 원정을 떠난 나폴레옹

1812년 5월 9일 나폴레옹은 두 번째 아내 마리 루이즈와 함께 생클루 궁을 떠나 드레스덴을 거쳐 네만 강가에 모인 프랑스 군과 합류했다. 그는 6월 24일 강 위에 배다리를 세 개 놓고 대군을 건너게 했다. 45만 명이 사흘이나 걸렸다. 프랑스 군은 비쳅스크를 지나 8월 17일 모스크바 남서쪽 320여 킬로미터에 있는 스몰렌스크로

진격했다. 19일까지 사흘 동안 격돌한 뒤, 러시아 군은 도시에 불을 지르고 후퇴했다. 마침내 나폴레옹의 대군은 9월 7일 모스크바까지 진격했다. 아침 5시 나폴레옹은 모스크바를 방어하려고 보로디노 근처에 진지를 구축한 미하일 쿠투조프 장군을 공격했다. 오후 3시경 러시아 군이 퇴각했다. 나폴레옹 군의 대포 400문이 그들을 향해 불을 뿜었지만 그들을 완전히 궤멸시키지 못했다.

9월 8일, 전날의 치열한 전투를 말해 주는 광경이 벌어졌다. 부상자 1만 4,000명에 시체 6만 구가 나뒹굴고 있었다. 러시아 군의 시체 5만 구를 제외하고 나머지는 프랑스 병사들과 장군 47명의 주검이었다. 9월 14일 마침내 프랑스 군은 모스크바로 들어갔다.

병사들은 감격해서 '모스크바, 모스크바'라고 외쳤지만, 모스크바의 주민들은 그들에게 빈 도시만 남겨 놓고 사라졌다. 이번에는 러시아 인들이 모스크바에 불을 지르지 않았다. 그러나 프랑스 군이 들어간 이튿날, 15일 밤부터 모스크바에 불이 났다. 프랑스 군은 방화범들을 잡아 총살했지만 불길을 쉽게 잡을 수 없었다. 모스크바는 나흘 동안 불길에 휩싸였다.

나폴레옹은 나흘 뒤 모스크바에 다시 들어갔다. 크레믈린 궁전은 기적적으로 아무런 해를 입지 않았기 때문에 황제는 거기서 협상의 시간을 기다렸다. 그러나 러시아 황제는 나폴레옹의 뜻대로 하지 않았다. 나폴레옹은 상트페테르부르크로 진격할까 생각했지만

측근이 말렸다. 곧 겨울이 시작될 텐데 추위를 견디기 어려울 것이
며 러시아 전체가 저항할 위험이 크다는 이유였다. 나폴레옹은 몇
주를 허송하다가 10월 중순이 되어서야 비로소 퇴각하기로 결정했
다. 그는 10월 19일 크레믈린을 떠나면서 모르티에에게 궁을 폭파
하라고 명령했다.

군수품이 부족하여 사기가 떨어진 프랑스 군은 밤에 영하 35도
까지 떨어지는 추위와 싸우면서 러시아를 벗어나려고 애썼다. 그러
나 중간에 러시아 군대, 코사크 기병의 공격을 받으면서 겨우 남쪽
을 향해 나아갔다. 11월 25일과 26일 반쯤 얼어붙은 베레지나 강에
다리를 설치하고 겨우 강을 건널 수 있었다. 동상에 걸리고 굶어 죽
기 직전의 병사가 겨우 11만 명 정도만 살아 돌아갔다. 나폴레옹의
러시아 원정은 그가 몰락하는 첫 단계였다.

카르마뇰 노래와 춤

민중이 왕과 가족을 모욕하는 노래를 부르면서 춤을 추고 있다. 그들이 둘러싼 나무는 '자유의 나무'다.

그림 왼쪽, 어깨에 창을 걸친 상퀼로트는 프랑스 군의 포격을 받고 쫓기는 오스트리아 기병대를 손가락질한다. 나무를 둘러싼 사람들은 〈카르마뇰〉 노래에 맞춰 춤을 춘다.

> "카르마뇰 춤추세,
> 대포 소리! 대포 소리!
> 카르마뇰 춤추세,
> 대포 소리 만만세!"

이 노래는 1792년 8월 10일 이후에 나왔기 때문에, 〈아, 잘될 거야〉라는 희망보다는 루이 16세에 대한 분노와 위협을 담은 노래였다.

구체제 시대와 마찬가지로 혁명기에도 '5월의 나무Arbre de mai'를 심었다. 5월의 나무는 만물이 소생하고 나무에 잎이 돋는 5월의 생명력을 기리는 나무였다. 이 나무를 심는 전통은 교회가 옛날부터

뿌리 뽑으려던 민간전승의 하나였지만 계속 살아남았고, 어느 지방에서는 공적인 인물을 기릴 때 그의 집 앞에 나무를 심어 주는 방식으로 변형되기도 했다. 1791년 5월 1일, 가톨릭교도와 개신교도가 싸우던 남프랑스의 님Nimes에서는 노동자들이 시장의 집 앞에 5월의 나무를 심어 주었다. 그들은 나무를 지키러 가서 가끔 시장 집을 드나들며 거기서 차려 준 술과 음식을 먹고 나와서는 개신교도를 타도하자는 뜻으로 이렇게 외쳤다.

"왕 만세! 국민 타도!"

5월의 나무를 심는 관습과 함께 혁명기에는 나무 심기가 새로운 상징을 담기 시작했다. 1789년부터 포플러 나무를 심고 자유의 나무라 불렀다. 자유의 나무를 심는 행사는 1792년 봄 오스트리아와 전쟁이 터지면서 더욱 잦아졌다. 사람들은 자유의 나무를 심어 그 위에 자유를 상징하는 붉은 색 프리지아 모자를 씌우고 삼색 표시를 달았다. 그 나무 주위를 돌면서 그들은 노래하고 춤췄다. 이 행위는 애국심을 드높이고 우애를 다지는 뜻이 있었다.

혁명기에는 노래로써 변화를 알 수 있었다. 1790년 7월 전국 연맹제와 함께 〈아, 잘될 거야〉, 1791년 필니츠 선언과 함께 〈프랑스의 구원Salut de la France〉, 1792년 4월 오스트리아 프로이센 연합군과 전쟁이 일어났을 때 〈라 마르세예즈〉, 1792년 8월 10일 제2의 혁명과 함께 〈카르마뇰〉, 1794년 전쟁의 승리와 정복기에 특히 플뢰뤼스 전투를 기념하면서 〈출발의 노래Chant du Départ〉가 나왔던 것이다.

▬ 혁명기 문화생활

구체제에서는 출판의 자유가 없어서 모든 글을 검열받아야 했습니다. 검열을 통과하지 못하는 글은 왕·종교·풍속의 세 가지 가운데 하나 이상을 마구 다루는 것이었어요. 그래서 그런 글을 쓰는 사람은 일찌감치 검열을 피해서 몰래 출판을 했습니다. 다시 말해서, 불법 출판물을 국내에서 몰래 찍거나 외국에서 찍어서 들여와 팔았던 것이죠. 당국에서는 이 불법 출판물을 팔거나 사는 사람을 잡아서 처벌했지만, 완전히 뿌리뽑지 못했습니다. 그런데 1788년 루이 16세가 전국 신분회를 소집한다고 발표한 뒤에는 검열제도가 사실상 거의 쓸모없어졌고, 사람들은 정치적인 얘기를 거침없이 쏟아 냈어요.

종교 문제도 마찬가지였습니다. 구체제에서 프랑스인의 삶을 지배하던 가치 가운데 가장 제도화된 것은 가톨릭입니다. 그런데 혁명이 일어나자 하느님이나 신이라는 말 대신 '최고 존재'라는 말을 쓰면서 좀 더 합리적으로 종교를 대하기 시작합니다. 성직자는 제1신분이었지만 그들도 시민사회의 일원으로서 국민·왕·헌법에 충성하겠다고 맹세해야 했습니다. 그리고 1795년 2월 21일인 방토즈 3일 국민공회는 부아시 당글라가 법으로 발의한 대로, 종교의 자유를 보장하면서 정치와 종교를 분리했어요.

그런데 모든 것이 사라지는 듯했지만 완전히 사라지지 않는 부분도 있었습니다. 검열도 마찬가지였죠. 로베스피에르도 초기에는 검열제도를 미워하고 표현의 자유를 찬양하더니, 혁명정부를 이끌면서 검열을 강화했어요. 그는 자신의 혁명의 동지인 카미유 데물랭이 당통을 지지하자 데물랭이 발행하던 신문을 탄압합니다. 친구의 신문을 탄압할 정도면 다른 사람을 어떻게 다루었을지 짐작하시겠죠? 그는 왕당파 작가는 물론이고 다양한 혁명 집단에 속한 저술가 가운데 공포정에 반대하는 사람들을 모두 입 다물게 만들었습니다.

예나 지금이나 모든 나라의 정부는 반대자의 입을 막는 대신, 자기 활동을 미화하고 적극 알리려는 성향을 가집니다. 국민공회 의원인 화가 다비드는 혁명정신을 담은 역사화를 많이 남긴 사람입니다. 마라와 에베르 그리고 자크 루같이 신문을 발행하면서 정치활동을 한 사람도 있었고, 세니에 형제처럼 배우나 극작가도 정치생활을 했습니다.

혁명기에 연극배우의 운명은 바람 앞의 등불과 같았습니다. 그때그때 상황을 잘 읽는 사람만이 오랫동안 박수를 받았죠. 혁명기에는 연극도 상당히 중요해서 수천 편이 공연되었어요. 극작가 셰니에는 역사적 사실을 현실에 빗대어 말했습니다. 혁명기의 극작가와 배우는 일반인보다 더 어렵게 살았답니다. 혁명기에는 일반인들도 때로는 정치와 세상에 대해 큰소리를 쳤지만, 때로는 숨을 죽여야 할 만큼 험악한 분위기가 있었습니다. 그러므로 극작가와 배우는 마치 풍향계처럼 바람 부는 대로 춤을 춰야 겨우 머리를 잘리지 않았어요. 혁명 초기에는 그런 대로 표현의 자유가 있는 듯했지만, 1793년부터 그러한 자유는 추억일 뿐이었죠. 특히 상퀼로트들은 마음에 들지 않는 연극을 방해했어요. 그럼에도 불구하고 정부의 노력으로 1794년 이후 인구 4,000명 이상의 도시마다 극장을 세우고, 애국적 내용을 담은 연극을 노동자에게 공짜로 보여 주었습니다.

혁명기의 거리에는 노래가 흘러넘쳤습니다. 구체제 시대와 달리 정치적 성격의 노래가 판을 쳤어요. 정치적 노래는 1789년부터 1794년까지 해마다 116곡, 261곡, 308곡, 325곡, 590곡, 그리고 701곡으로 늘어났습니다. 글을 읽고 쓰는 사람이 절반에 지나지 않던 시대에 노래야말로 하고 싶은 말을 쉽게 전파하는 도구였으니까요. 정치적 노래에는 혁명을 찬양하는 노래와 혁명의 성과에 실망한 노래가 모두 있었죠.

1790년 연맹제를 준비하는 애국파는 라드레^{Ladré}가 지은 노래 〈아, 잘될 거야〉를 수없이 반복해서 부르고 다녔습니다.

"아! 잘될 거야, 잘될 거야, 잘될 거야.
오늘날 사람들은 끊임없이 되뇌지.
아! 잘될 거야, 잘될 거야, 잘될 거야.
반항하는 인간이 있다 해도, 모든 것을 성취할 거야!"

사람들은 이 노래의 가사를 바꿔 부르기도 했어요.

"아! 잘될 거야, 잘될 거야, 잘될 거야.
특권층을 가로등에!
아! 잘될 거야, 잘될 거야, 잘될 거야.
특권층을 목매달자!"

혁명 전에는 귀족과 평민의 처벌 방법이 달랐습니다. 평민은 교수형, 귀족은 참수형이었죠. 그런데 노래에서 알 수 있듯이, 민중은 특권층을 자기네 방식대로 재판하고 가로등에 매달아 처형했어요. 그들은 특권층을 목매단 뒤 머리를 잘라 창끝에 꿰어 가지고 시내를 돌아다녔답니다.

  그러나 혁명정부에서는 사형을 집행하는 방식도 바뀌었어요. 제헌의원인 의사 기요탱Guillotin, 1738~1814은 똑같은 죄를 지은 사람에게 똑같은 벌을 내리자고 주장합니다. 1791년 6월 3일, 르 펠르티에 드 생파르조는 '사형언도를 받은 사람은 모두 머리를 자르도록 하자'는 법안을 제출했고요. 이리하여 의사 앙투안 루이는 입법의회의 부탁을 받고 단두대를 발명합니다.

  사람들은 단두대를 발명한 루이의 이름을 따서 '루이종'이라고 불렀어요. 그러다가 제헌의원이며 새로운 사형제도를 제안한 의사 기요탱의 업적을 기리는 뜻에서 '기요틴'이라고 부르게 되었습니다. 단두대는 1792년 4월 25일 파리 시청 앞 그레브 광장에서 도둑 르 펠티에의 목을 자른 것을 시작으로, 정치생활에서 꼭 필요한 장비가 되었답니다. 특히 1793년 5월 10일부터 1794년 6월 8일까지 단두대를 혁명광장에 설치해 놓고 혁명의 반대자들을 처형했어요. 이처럼 혁명은 형벌을 평등하게 만들었습니다. 평민은 귀족을 자기네 방식대로 죽였는데 혁명정부는 신분과 관계없이 목을 잘랐죠.

  혁명기에는 파리의 급진적인 구에 사는 시민을 '상퀼로트'라고 불렀습니다. 상퀼로트란 귀족이 입는 반바지가 아니라 긴 바지를 뜻한다고 말한 것을 기억하시죠? 실제로 긴 바지는 19

세기까지 주로 뱃사람이 즐겨 입는 것이었죠. 그런데 혁명기의 그림을 보면 제3신분은 카르마뇰이라는 조끼에다 바지를 입고 장화를 신었어요. 그들은 또한 어깨까지 생머리를 기르고 자유를 상징하는 프리지아 모자를 썼습니다. 이 모자는 1790년부터 나타났지만 1793년부터는 모두가 써야 했죠. 게다가 1792년 7월 8일부터는 남자에게, 1793년 9월 21일부터는 여자에게도 삼색 모표나 삼색 리본을 달도록 강제합니다. 이후 삼색은 프랑스 국기의 색이 되었죠. 그리고 다른 나라가 국기를 만들 때 본보기가 되기도 했습니다.

의상에서 더욱 큰 변화는 귀족 여성의 겉모습에서 나타납니다. 옷을 간단하게 입고 가발을 벗어 버리면서 아주 자연스러워졌지요. 겉모습은 시대를 가장 먼저 반영하기 때문에, 로베스피에르가 덕을 강조할 때는 옷차림도 덕을 반영하는 듯했습니다. 그러나 테르미도르 반동으로 대공포정이 끝나자 멋쟁이 남녀들은 엉뚱한 옷차림을 하고 다니기 시작합니다. 덕을 강조할 때는 여성들이 가슴을 많이 가렸지만, 이제 유행을 이끄는 여성은 가슴을 더 많이 보여 주는 방향으로 옷을 입고 가발도 부활시켰어요. 자유로운 여성인 탈리엥 부인은 심지어 가슴을 내놓고 속이 훤히 비치는 가운을 입은 채 춤을 췄다고 합니다. 또 그녀는 한 달 30일, 날마다 다른 가발을 썼습니다.

마담 탈리엥Madame Tallien, 1773~1835 같은 여성을 당시에는 '메르베이예즈'라 불렀습니다. 이러한 멋쟁이 여성은 흰 무슬린으로 민소매 긴 옷을 만들어 입고, 푸른색이나 검은색 끈으로 가슴 밑을 묶었어요. 이 끈에 부채를 매달고 엄지발가락에는 가락지를 낀 채 맨발에 샌들을 신었습니다.

사람들이 '앵크루아야블incroyables', '뮈스카댕muscadin', '죄네스 도레jeunesse dorée'라고 부르던 멋쟁이 청년들은 기묘한 모습을 하고 다녔습니다. 그들은 마치 개의 귀가 축 늘어진 것처럼 머리를 얼굴 양쪽으로 내렸고 큰 챙이 달린 둥근 모자를 썼답니다. 또 주로 짧은 외투를 입고 아래는 검거나 초록색 빌로드 반바지를 입었어요. 비단으로 만들거나 여러 색의 면사로 짠 긴 양말을 신고 끝이 뾰족한 신을 신었죠.

혁명기 사람들은 옛날 군주정의 냄새와 기독교의 냄새를 지우고, 새로운 이상을 널리 인식시키기 위해서 새로운 이름을 짓기 시작했습니다. 그들은 노트르담 성당을 '이성의 전당', '순교자의 언덕몽마르트르'을 '마라의 언덕몽마라'이라고 불렀어요. 또 '루이 15세 광장'을 서슬 퍼런 단두대를 설치한 '혁명광장'으로 불렀죠. 전국에서 6,000여 개 마을이 이름을 바꿨는데 그 가운데 30여 군데가 마라의 이름을 딴 것이었습니다.

루이는 브루투스 또는 스파르타쿠스가 되었고, 왕르 루아은 법률라 루아, 주교레베크는 자유리베르테가 되었답니다. 심지어 여왕벌을 '알 낳는 벌'로 부르고, 트럼프의 왕·여왕·장군 패를 각각 자유·평등·우애로 바꾸었어요. 왕의 그림도 볼테르나 루소 같은 철학자로 바뀐 것은 두말할 필요도 없겠죠?

대인관계를 규정하는 말에는 친근한 표현이 들어갔습니다. 공식적이거나 존경의 뜻을 나타내는 '선생 또는 당신vous'을 사용하는 대신 '너 또는 그대tu'를 사용했고, 길에서 만나는 사람에게 '그대는 제3신분인가?'라고 물었어요. 이것은 우애를 시험하려고 던지는 질문이었죠. 그런데 혁명에 반대하는 사람에게는 비수를 들이대는 것 같은 위협이었습니다. 실제로 제3신분에 속한 사람이라도 이러한 질문을 받고 '아니다'라고 하면, 그것은 혁명의 행위에 동참하지 않는다는 뜻이었으므로 위험에 처할 수 있었어요.

혁명의 성과를 부정하는 사람들이 언제 들고일어날지 몰랐기 때문에 당시 애국파는 늘 경계를 게을리하지 않았습니다. 파리 코뮌에서는 특별한 조치를 취했어요. 파리 시민은 각 구역의 위원회에서 발행하는 보안증을 지녀야 했죠. 파리 거주자와 비거주자도 구분했는데 비거주자가 파리에 거주하려면 특별보안증을 얻어야 했습니다. 이 증명서를 갖지 않은 사람은 반혁명 혐의자가 되었죠. 1794년과 1795년, 보안증을 발급

받으려면 납세증명서를 제출해야 했어요.

앞에서 이미 말했듯이, 프랑스 혁명기 사람들은 1793년부터 1805년까지 비록 짧은 기간이지만 새로 채택한 달력을 썼습니다. 그리고 1795년의 법령으로 새로운 길이를 정했어요. 1미터를 북극에서 적도까지 길이의 1,000만분의 1이라고 정하는 식이었죠. 물론 길이와 무게의 새로운 단위가 재빨리 통용되지는 않았습니다. 오늘날에도 영국과 미국이 미터법과 자기네 방식인 야드법을 함께 고집하는 것만 봐도 알 수 있죠.

프랑스 혁명기에 가정생활에도 큰 변화가 일어났습니다. 1792년 9월 20일, 부부가 더 이상 함께 살 수 없다고 합의했을 때 이혼할 수 있는 법이 나왔어요. 이 법으로 결혼도 쉬워졌습니다. 결혼 절차가 더욱 간단해졌으며 더욱이 이혼 뒤 재혼을 할 때까지 홀로 지내야 할 기간도 짧아졌지요. 예년 같으면 남자는 30세, 여자는 25세를 넘어야 부모의 동의를 받지 않고서 결혼할 수 있었는데, 이제는 21세만 넘으면 자유로이 결혼을 할 수 있게 되었답니다.

혁명은 프랑스인을 하나의 국민으로 묶기 위한 언어정책을 마련합니다. 그레구아르 신부는 프랑스인 2,800만 명 가운데 1,200만 명이 프랑스 말을 모른다고 보고했어요. 혁명정부는 서로 모순되는 것 같은 이중의 언어정책을 씁니다. 먼저 '인권선언' 같은 혁명 이념을 담은 글은 빨리 보급하기 위해 각 지방의 방언으로 옮겼고, 또 한편으로는 통일된 언어를 보급하려고 프랑스 말을 장려했던 것입니다.

구체제 시대에 교육을 맡았던 교회와 정치를 분리하고 난 뒤, 혁명정부는 조국의 자식을 올바로 길러야 할 책임을 맡았습니다. 1793년 12월 19일, 그러니까 공화력 2년 프리메르 29일의 법을 통해 초등교육을 국가가 책임진다고 발표합니다. 국가는 초등교육에서 종교적 내용을 빼고 세속적인 내용을 가르치도록 했어요. 구체제의 아이는 종교적 교리문답을 배웠지만 공화국의 아이는 헌법이라는 '공화국의 기본문답'을 배웠죠. 모든 기본문답서는 '인권선언문'으로 시작했습니다.

혁명정부는 혁명의 이상을 널리 보급하고 일상생활의 고달픔을 잊게 만들어 주려고 축제와 연극을 장려합니다. 정부가 대중에게 빵을 대주지 못한다 할지라도 구경거리를 마련해 주려 했던 것입니다. 첫 번째 축제는 1790년 7월 14일의 연맹제였죠. 이것은 바스티유 정복 1주년을 기념하고 전 국민을 하나로 묶는 중요한 행사였습니다. 1793년 1월 21일, 혁명광장에서 루이 16세를 처형하던 장면도 빼놓을 수 없는 구경거리였어요. 옛날부터 사형수가 흘린 피는 신비한 힘을 가지고 있다고 믿었기 때문에 루이 16세가 흘린 피를 적셔 가는 사람도 있었습니다. 직접 다가가지 못하는 사람은 심부름꾼을 사서 손수건을 내주고 적셔 오도록 했고요. 왕에 대한 추억을 간직하거나 부적처럼 이용하려 했을 테죠.

1794년, 로베스피에르는 1789년 7월 14일, 1792년 8월 10일, 1793년 1월 21일, 1793년 5월 31일을 기념일로 정하는 법을 제정합니다. 바스티유 정복, 제2차 혁명, 왕의 처형, 지롱드파의 실각을 국민 모두가 기념하자는 뜻이었죠. 그 밖에도 최고 존재를 숭배하는 범위 안에서 국민·인류·프랑스인·자유의 순교자·진리의 순교자에게 바치는 축제도 만들었어요. 결국 국민공회는 일곱 가지 축제를 제정했는데, 나중에 나폴레옹은 1789년 7월 14일을 기념하는 '화합의 축제'만을 남깁니다. 바스티유 정복은 비록 7명, 그것도 잡범과 정신이상자만 석방시켰지만 아주 중요한 의미를 가진 사건이었기 때문이지요.

아무리 우울하고 절박한 시간이 흐른다고 할지라도, 인간은 놀이를 떠나서는 살 수 없습니다. 혁명기에는 어김없이 새로운 놀이가 나옵니다. '프랑스 혁명의 놀이'는 바스티유 요새의 정복에서 말을 움직이기 시작해서 왕이 헌법을 받아들이는 데까지 가면 끝나는 놀이였어요.

트럼프 놀이는 존속했지만, 왕·왕비·장군의 그림과 이름이 달라졌다고 앞에서 말씀드렸죠? 혁명기 사람들도 도박에서 손을 떼진 못했습니다. 혁명지도자 바르나브^{Barnave, 1761~1793}는 하룻밤에 3만 리브르를 잃었다고 합니다. 주사위·룰렛·카드·로토 따위의 노름이 성행했고 게다가 비밀도박장도 계속 번성했죠. 이런 곳들은 심지어 공포정치 시대에도 영업을 계속하더니 테르미도르 반동 이후에는 사회적 분위기에 편승하여 더욱 번성합니다.

혁명은 세상에서 가장 오래된 직업 가운데 하나도 억압했지만 역시 완전히 없애지는 못했습니다. 혁명정부는 젊은이를 옛 스파르타 시민처럼 강건하게 만들고 싶어 했지만, 매매춘 때문에 자유를 위하여 싸우지 못할 나약한 인간이 된다고 한탄했어요. 경찰은 매춘부를 마구 잡아들였지만 역시 완전히 뿌리 뽑지 못합니다. 매춘부를 찾는 남성을 처벌하지 않고 여성만 처벌해서는 절대로 문제를 해결할 수 없었던 것이죠. 이 문제는 가난하고 차별받는 여성이 떳떳한 일을 해서 먹고살 수 있는 사회적 여건을 만들어 주어야 조금씩 풀릴 수 있습니다.

내가 만난 프랑스,
내가 만난 역사

혁명은 멈추었는가?

　보통 프랑스 혁명은 1789년에 시작해서 나폴레옹이 권력을 잡는 1799년에 끝난다고 합니다. 또 어떤 이는 19세기 어느 시점에서 끝났다고 하고요. 그러나 프랑스 혁명사를 연구하는 사람 가운데는 아직도 혁명이 끝나지 않았다고 주장하는 사람도 있습니다. 프랑스 혁명의 이상인 자유·평등·우애가 아직 실현되지 않았다고 생각하기 때문입니다. 이 세상의 모든 나라에서 자유와 평등이 옛날보다 더 발전했다고 해도, 여전히 우리는 더욱 자유롭고 평등한 사회를 만들려고 애써야 한다는 뜻이기도 합니다. 또 이미 자유와 평등을 누리는 사회라 해도, 그것을 지키려고 계속 노력해야죠. 이런 의미에서 프랑스 혁명이 한 나라의 범위를 넘어서 모든 인류에게 남겨 준 숙제는 우리가 결코 잊지 말고 보전하고 발전시켜야 할 중요한 가치임이 분명합니다.

　우리는 어떻게 생각해야 할까요? 역사적 사건으로서의 프랑스 혁명은 끝났지만, 그것이 우리에게 물려준 유산을 우리가 보존하고 실현해야 혁명이 끝나는 것일까요? 참으로 복잡한 문제입니다. 우리 역사에서 볼 때, 일본군에게 끌려가 성노예로 살다 귀환한 할머니들의 문제가 있습니다. 일제강점기가 끝난 지 거의 70년이나 되었지만, 그분들은 아직도 아물지 않은 상처를 안고 사시죠. 그리고 그분들의 슬픈 이야기를 들은 사람들은 일제강점기의 역사를 배우면서 몸서리를 칩니다. 일본 정부는 이미 끝난 일이라고 하지만, 그 역사를 되짚어 보는 사람에게는 생생하게 살아나는 현실이 아닐까요? 그러므로 끝났다고 하는 사람은 자신과 전혀 관계없는 과거의 일이라고 생각하는 사람이고, 아직 끝나지 않았다고 하는 사람은 그 과거가 자신과 관계있는 문제라고 생각하는 것입니다. 여러분은 어떠십니까?

우리가 지난날 잘못을 생각할 때, 혼자 있는데도 남이 볼까봐 얼굴이 화끈거리는 경우가 있습니다. 비록 지난 일이라고 해도 마음속에서 다시 한 번 생생한 경험으로 되살아나기 때문이죠. 역사를 공부하는 일도 마찬가지입니다. 다른 사람들이 겪은 일을 글로 읽거나 사진으로 보면 여러 가지 감정이 일어납니다. 그들의 경험을 간접적으로 체험하기 때문이죠.

이렇게 볼 때, 프랑스 혁명을 공부하는 사람에게 그것은 끝나지 않았습니다. 그것을 공부하는 사람은 200년 전 프랑스 사람들의 기쁨, 희망, 분노, 좌절 따위를 체험할 수 있습니다. 공부를 많이 하면 할수록 수많은 사람의 마음과 행동을 알 수 있어요. 그들이 현실을 어떻게 봤고 거기에 대처할 때 어떤 심정이었을지 알 수 있는 겁니다. 소설책을 읽듯이 역사책을 읽어도 이러한 일이 일어납니다. 인간은 감정을 이입할 수 있기 때문이죠.

감정 이입이란 나의 감정을 다른 사람에게 또는 그 반대 방향으로 옮겨서 공감하는 것이지요. 과연 우리가 옛날 사람들과 감정을 서로 주고받을 수 있고 공감할 수 있을까요? 물론 완전히 공감하기란 어렵습니다. 바로 이웃집의 기쁨이나 고통에도 완전히 공감하지 못하는데, 하물며 옛 사람들의 희로애락이라니요. 그러나 우리가 직접 체험한 것과 비교하면서 노력하면 비록 완전치는 못하겠지만, 전혀 공감하지 못할 일은 아닙니다.

프랑스 혁명을 공부하면서 누구의 마음으로 혁명을 보셨나요? 루이 16세? 마리 앙투아네트? 미라보 백작? 로베스피에르? 1789년 10월 5일, 빵을 달라고 외치면서 파리부터 베르사유까지 비를 맞으며 행진하던 아주머니? 또는 큰 죄를 짓지 않았는데 감옥에 갇혔다가 1792년 9월 2일 낮, 영문도 모르는 채 감옥 밖으로 끌려 나가 학살당한 사람? 나라를 지키려고 용감하게 떠났다가 전선에서 추위, 굶주림, 두려움에 떨었던 사람? 또는 1794년 여름 로베스피에르가 죽은 뒤, 물가를 잡아 달라고 외치던 사람? 1793년 여름에 제정한 민주적인 헌법을 빨리 시행하라고 시위를 벌이다가 진압당한 사람? 아니면, 당통이나 나폴레옹? 누구의 눈과 마음이든 자신이라면 어떤 선택을 했을지, 나와 우리의 행복과 미래를 위해서는 어떤 행동이 필요할지 생각해 보시기 바랍니다.

프랑스 혁명의 메아리

저는 1984년에 한 달쯤 파리 대학병원에 입원했습니다. 어느 날 새벽에 아파서 무작정 대학기숙사 건너편의 대학병원에 달려갔는데, 잠에서 덜 깬 의사가 절 진료하더니 의료보험에 들었냐고 물었어요. 그래서 밖에 나가 보험에 들고 다시 오겠다고 했지만, 의사는 걱정하지 말라고 하면서 당장 입원시켜 주었죠. 한 달 뒤에 퇴원했고, 1~2년 지나 당시 돈으로 거의 700만 원이나 되는 의료비와 약 30만 원의 음식비 청구서를 받았습니다. 그런데, 의료비는 사회부조 제도를 적용해서 한 푼도 받지 않을 테니 밥값만 내라더군요. 외국인 유학생이지만 프랑스의 사회주의 정권 덕을 톡톡히 보았습니다.

제가 이 얘기를 왜 꺼냈을까요? 바로 권리 얘기를 하기 위해서입니다. 입원한 날 아침, 밥을 가져다주는 분이 들어와서 저에게 물었습니다.

"특별히 가리는 음식이 있어요?"

"나는 돼지고기, 닭고기를 안 먹어요. 그런데 이런 것
을 요구해도 되나요?"

"물론이죠. 그건 당신의 권리죠."

의료보험도 들지 않은 채 무작정 들어간 병원에 입원한 첫
날부터 외국인에게도 권리를 인정해 주다니요. 그 뒤에도 전
권리라는 말을 일상생활에서 쉽게 들을 수 있었답니다. 프랑
스에서는 아이들이 놀 때도 '네겐 그럴 권리가 없어'라는 말을
자주 합니다. 아이에게 '권리'가 무엇이냐고 물어보면 모른다
고 대답하면서도, 그런 말을 서로 하고 또 부모님께 들으면서
자라죠. 아이들이 서로 또는 어른이 아이들에게 '권리가 없어'
라고 말할 때는 '그렇게 하지 마', '못써'라는 뜻입니다. 그 말
에는 '그렇게 하면 남의 권리를 침해하는 거야'라는 뜻이 담겨
있습니다. 1789년 인권선언에 실렸던 권리라는 말을 어린이가
'안 된다'는 뜻으로 사용하기까지 세상이 많이 바뀌었죠.

세상이 바뀐 것은 사고방식이 바뀌고 생활방식이 바뀐 덕
택입니다. 한마디로 문화가 바뀌었기 때문이죠. 이전에는 왕을
똑바로 쳐다보지도 못하던 사람들이 어느새 왕을 반역자라고
욕하고, 잡아 가두고, 처형하게 되었습니다. 극단적으로 오늘

날 프랑스 공화국 국민들은 서로 합의만 한다면 왕국으로 돌아갈 수도 있습니다. 혁명 이후, 강압적인 독재가 얼마나 위험하고 모든 것을 후퇴시킨다는 사실을 늦게나마 깨달은 사람들은 자발적인 합의를 끌어내는 민주주의 제도를 정착시킵니다. 왕정이 아닌 민주정에서는 시민사회의 건전한 상식으로 나라의 운명을 결정하고 그 합의를 더욱 소중히 생각합니다.

이 책을 읽은 분들은 합의를 중시하는 오늘날의 민주주의 발전에 과거 있었던 프랑스 혁명이 많은 교훈을 준다는 사실을 알아차리셨을 것입니다. 물론 그렇다고 해서, 우리나라에서도 200년 전의 프랑스처럼 혁명을 일으켜야 한다고 주장하는 것은 아닙니다. 우리의 교육수준은 세계적으로 높고, 4·19 혁명 이후 독재에 계속 저항한 역사도 있으니까요. 그럼에도 아직 민주주의 수준이 선진국보다 낮고 도덕적으로도 내세울 것이 적습니다. 부정부패로 실형을 선고받은 전직 대통령이 호화롭게 살면서도 국가에 반납해야 할 돈을 내지 않았는데, 아직도 그런 사람을 따르고 존경하는 사람이 적지 않은 현실을 어떻게 설명해야 좋을까요?

우리는 저마다 같은 문제를 다르게 생각합니다. 그렇다고 해도 공적인 부분에서는 옳고 그른 것이 분명히 있습니다. 자유롭게 생각한다고 해서 남의 권리를 무시하는 주장을 옳다고 할 수는 없습니다.

프랑스 혁명에서 자기가 합의하지도 않은 법에 모든 국민이 영향을 받은 예를 찾아볼까요? 1793년에 비교적 민주화된 헌법을 만들었지만, 공포정 시기에 이것을 적용하지 않았죠? 그리고 1795년에는 그보다 후퇴한 헌법을 만들고, '3분의 2법'을 통과시켜 헌법을 만든 사람들이 정권을 유지했어요. 그 법에는 유권자 수백만 명이 관심을 쏟지 않았고, 겨우 30만 명이 투표하여 20만 명이 찬성하였어요. 그런데 그 결과는 모두의 것이 됩니다.

저는 이 책을 읽고 프랑스 혁명을 처음 만나는 분들이 앞으로 우리나라의 정치에도 관심을 더 많이 가지시길 바랍니다. 다행히 우리는 민주주의를 실천하는 나라이니 프랑스 혁명처럼 수많은 사람을 희생시킬 필요는 없습니다. 프랑스 혁명의 길만이 민주주의를 발전시키는 길이 아니니까요. 유권자들만 올바로 선택하고 자기 권리를 떳떳이 행사하면 됩니다. 물론 그럴 수 있는 좋은 제도를 만들고 유지하려고 노력해야겠죠.

"민주주의란 평범한 사람이라도 잘못을 저지르지 않게 만드는 제도다."

저는 이 말을 옛날에 읽은 책에서 배웠습니다. 그리고 지금까지 살면서 참으로 옳은 말이라고 생각합니다.

왕이나 독재자가 다스리는 나라에서는 왕이 모든 일을 해 주지만, 민주주의는 구성원들이 모든 일의 결정에 참여합니다. 왕정이나 독재정에서는 이렇게 좋은 길이 없습니다. 그러므로 우리는 언제나 다양한 의견을 고려하고 조절하고 합의하여 좋은 결론을 내야 합니다. 좋은 결론이란 소수보다는 다수의 이익, 그러니까 미래의 구성원의 이익까지 충분히 고려하는 것을 뜻합니다. 부디 자신의 권리를 잊지 마시고 그에 맞는 의무도 더불어 이행하는, 시민으로서 함께 어울려 주시길 바라면서 글을 마치겠습니다.